《中国语学文库》

总主编：邢福义

副主编：汪国胜　朱　斌

本书由苏州大学品牌专业经费资助出版

汉语情态助动词的主观性和主观化

THE SUBJECTIVITY AND SUBJECTIFICATION OF MODAL AUXILIARIES IN CHINESE

杨黎黎◎著

中国出版集团公司

世界图书出版公司

广州·上海·西安·北京

图书在版编目（CIP）数据

汉语情态助动词的主观性和主观化 / 杨黎黎著. —
广州 : 世界图书出版广东有限公司, 2017.6（2025.1重印）
ISBN 978-7-5192-3289-4

Ⅰ.①汉… Ⅱ.①杨… Ⅲ.①汉语—助动词—研究
Ⅳ.①H146.2

中国版本图书馆CIP数据核字（2017）第148266号

书　　名　汉语情态助动词的主观性和主观化
　　　　　HANYU QINGTAI ZHUDONGCI DE ZHUGUANXING HE ZHUGUANHUA
著　　者　杨黎黎
策划编辑　孔令钢
责任编辑　冯彦庄
装帧设计　黑眼圈工作室
出版发行　世界图书出版广东有限公司
地　　址　广州市新港西路大江冲 25 号
邮　　编　510300
电　　话　020–84460408
网　　址　http:// www.gdst.com.cn
邮　　箱　wpc_gdst@163.com
经　　销　新华书店
印　　刷　悦读天下（山东）印务有限公司
开　　本　710mm×1000mm　1/16
印　　张　13.75
字　　数　236 千
版　　次　2017 年 6 月第 1 版　　2025 年 1 月第 3 次印刷
国际书号　ISBN　978-7-5192-3289-4
定　　价　58.00 元

前　言

　　本书是在我 2015 年 6 月通过新加坡国立大学答辩的博士论文的基础上修改完成的。在研究主观性和主观化理论中，援引情态动词作为案例分析最为常见；而研究情态范畴本身呢，主观性和主观化又是最常见的一种理论方向。两者关系之紧密促使我们不得不在研究中同时加以讨论。这就引发了一个问题：既然情态和主观性、主观化理论结合得如此密切，我们在研究的时候，是以理论为出发点，还是以情态范畴本身为出发点呢？

　　本书撇开了以往对情态动词个案研究的思路，试图以情态范畴为基本研究对象，以主观性和主观化的理论为行文脉络。在章节的安排当中，主要以主观性和主观化理论为参照：第 2 章证明了情态的主观性是情态内部的属性，分析了情态的主观性同客观性、非现实性、传信性之间的关系；第 3 章勾勒了情态历时的主观化过程及其发生主观化典型的语境；第 4 章则探讨了情态主观化之后的进一步发展 —— 交互主观化理论。前四章是对情态范畴本身的研究。经过了对这些客观语言现象的研究之后，我们就要探讨主观性和主观化为什么会在情态范畴当中产生，也就是主观性和主观化的动因是什么，这就是我们第 5 章的内容。存在这样的动因，就必然会导致具有相同特点的其他主要动词也会发生情态化，这就是情态主观化带来的扩展效应，这就是第 6 章的内容，这一章我们讨论了心理动词、言语行为动词、言说义动词、计算义动词、等待义动词等在一定的语境土壤下都可以发生情态化。而情态范畴本身建立之后，也会跟其他语法范畴发生互动，比如特殊结构中的情态范畴，复句中的情态助动词和构式中的情态助动词，这是第 7 章要讨论的内容。以往学者们对单个助动词（诸如"能""会""要"等高频助动词）的研究硕果丰厚，我们则避开这种研究助动词个案的思路，试图从主观性和主观化理论入手，以情态范畴为研究的例证，从情态助动词去研究主观性和主观化理论。

西方学者研究情态有悠久的历史，从研究哲学便开始构建了情态研究的雏形。本书以"主观性和主观化"为理论支撑来研究汉语的情态助动词。主要选取的是两位学者对于主观性和主观化理论研究的成果：Traugott（1982，1989）和 Langacker（1985，1987，1999）。在认知—功能语言学领域，存在着两条并不矛盾的关于主观性和主观化研究的线路。在历时方面，我们主要采用的是 Traugott 的理论；而在共时层面我们主要采用 Langacker 的理论，也有 Traugott 和 Dash（2002）的理论作为补充。

主观性的情态带来了情态所具有的一系列的语法特征。情态是说话人对命题的真实性的主观态度，这就必然会涉及到一个"度"的问题。情态是一个连续的量而不是一个离散的量。情态助动词在历时来源上跟实义动词密切相关，但是在性质上却跟形容词更加接近。本书将数量特征引入情态的研究，认为正是由于情态的主观性使得情态具有连续量的特征，由此带来了情态词一系列的句法表现，比如：可以用在"比"字句中；可以受程度副词的修饰。情态助动词所表现出的句法行为背后是情态连续量的特点，而连续量特点的背后又是情态的主观性。本书还将主观量的概念用于情态分析，认为一些情态词在特定的语境中表达说话人的心理超常量。

本书也试图理清有关于情态的诸多专业术语之间的逻辑关系，比如英文中有好几对与"非现实性"和"现实性"对应的术语，再比如情态动词、助动词、能愿动词等。

笔者

2017 年 3 月

ABSTRACT

This dissertation discusses the semantics and syntax of modality from synchronic and diachronic perspectives with reference to Chinese. I use the theoretical framework of subjectivity and subjectification to analyze the monosemy and polysemy of modal auxiliaries. Traugott claims that subjectivity involves the expression of self and the representation of a speaker's perspective. However, Langacker has identified subjectivity largely with zero subject or at least off-stage, implicit expression of the speaker-hearer dyad.

I argue that modal auxiliaries in Chinese are more closely related to gradable adjectives in their empirical characteristics and underlying semantics. Modal auxiliaries in Chinese form an objective-subjective continuum. Ranging from necessity to possibility, there is a scale in expressing the weakening of meaning, which depends on the property of continuous quantity in modality. In general, from the synchronic view, subjectivity is an important feature of modality, which is closely related to evidentiality and irrealis. From the diachronic view, subjectification and intersubjectification can bring about semantic changes in some lexical items and constructions. I also discuss the motivations behind the subjectification of modal auxiliaries. The properties of predication, contexts, animacy hierarchy of subject and sentence types all affect the interpretation of modality. Consequentially, there are two syntactic properties brought out by subjectificaiton: (i) the weakening or loss of the agent control and (ii) the fronting and broadening of the scope of predication. Furthermore, as a system, modality is closely related to other grammatical categories. Modal auxiliaries can appear in adverbial clauses of concession, hypothetical-conditional clauses, comparative sentences and some other constructions.

This dissertation has eight chapters.

Chapter 1 provides a literature review and an introduction to Traugott's and Langacker's theories on subjectivity and subjectification as the theoretical framework. Meanwhile, the basic concepts regarding modality are also illustrated in this chapter.

Chapter 2 analyzes the semantic properties of modality, including subjectivity, evidentiality, irrealis, and their interactive relations.

Chapter 3 focus on the subjectification of modality. From a diachronic perspective, there are various paths of subjectification: (i) ability > permissive, (ii) ability > possibility, (iii) obligation > possibility, (iv) permission > possibility, and (v) dynamic modality > deontic modality > epistemic modality.

Chapter 4 discusses the modal intersubjectification. After undergoing the process of subjectification, modal auxiliaries continue experiencing semantic changes related to intersubjectification. Once subjectified, their meanings and discourse functions may become more centered on the addressee.

Chapter 5 discusses the reasons behind the motivations of subjectification.

Chapter 6 examines the modalization of some main verbs, including mental verbs, speech-act verbs, awaiting verbs and counting verbs. What is more, some adjectives can also evolve into modal auxiliaries.

Chapter 7 focuses on the connection between modality and other grammatical categories. I discuss the relationship between modality, focus, aspect and tense.

Chapter 8 provides a conclusion. From a cross-linguistic perspective, I illustrate the paths of modal subjectification.

Keywords: subjectivity; subjectivication; modality; auxiliary; dynamic; deontic; epistemic.

目　　录

第1章 绪　　论

1.1　研究对象和研究意义

1.1.1　研究的对象

本书研究汉语情态系统本身的性质，情态系统的发展演变以及情态和其他语法范畴的交叠。在对以往研究的考察中，有以下几个方面引起了笔者的兴趣：

（1）主观性和主观化理论中，情态助动词是最典型的研究案例和语言事实，很多学者在提及该理论时都会援引情态的例子。那么情态的主观性是情态内部的属性吗？抑或是经历了主观化发展而来的？

（2）情态的主观化发展对其他语法范畴有什么样的影响呢？我们可以把情态作为一个语法范畴来考察，一个语法范畴的建立一定会对其他的语法范畴造成一定的影响，从而产生互动关系。我们就要弄清情态系统的建立对其他语法范畴有何影响。

（3）既然情态助动词的主观性是其非常重要的一个特性，那么主观性与情态的其他特性有没有联系呢？主观性对情态的其他特性又产生了哪些影响？

（4）情态经历了主观化发展之后，有没有再进一步的发展呢？交互主观化理论的提出与语法化又有怎样的关系呢？

（5）对于情态形成的历时考察，主观化和语法化的理论多见。那么，到底主观化和语法化是什么关系呢？进一步地说，主观化和语法化这两条线索在情态这个系统中产生了什么样的交叠或者并列发展呢？在考察情态发展演变的过程中，我们使用语法化和主观化理论研究语法化和主观化在汉语情态系统中的交叠，进而研究语法化和主观化的关系。

（6）能否通过对汉语情态助动词语言事实的考察来进一步完善主观性和主观化的理论呢？

我们就围绕着这六个问题展开论述。

1.1.2　研究的方法和意义

本书以"主观性和主观化"为理论支撑，主要选取的是两位学者对于主观性和主观化理论研究的成果：Traugott（1982，1989）和 Langacker（1985，1987，1999）。在认知－功能语言学领域，存在着两条并不矛盾的关于主观性和主观化研究的线路。在历时方面，我们主要采用的是 Traugott 的理论；而在共时层面我们主要采用 Langacker 的理论，也有 Traugott 和 Dash（2002）的理论作为补充。下面的 1.3 节也会对两位学者的主观性和主观化理论做出对比分析。

在国外学者研究主观性和主观化理论的时候，最常见的例证就是关于情态的描写。描写情态的发展似乎是一个能够最直接、最方便去证明语言中存在主观性和主观化现象的例子。

国内的先贤们对汉语的情态范畴也有很多的研究，既有历时语法化的描写，也有共时展现情态特点的描写。但是将主观性和主观化理论与汉语情态研究结合起来研究的专著暂时还没有。

这里就存在一个问题：既然情态和主观性、主观化的理论结合得如此密切，我们在研究的时候，是以理论为出发点，还是以情态范畴本身为出发点呢？

本书撇开了以往的对情态动词的个案研究的思路，试图以情态范畴为基本研究对象，以主观性和主观化的理论为行文的线路。在每一章节的安排当中，主要是以主观性和主观化理论为参照：第 2 章是证明了情态的主观性是情态内部的属性；第 3 章描述了情态历时主观化的过程，第四章则是探讨了情态主观化之后的进一步发展——交互主观化理论。前 4 章是对情态范畴本身的研究。经过了这些客观的语言现象的研究之后，我们就要探讨主观性和主观化为什么会在情态范畴当中产生，也就是主观性和主观化的动因是什么，这是第 5 章的内容。有了这样的动因，且是一直存在的，这必然会导致具有相同特点的其他主要动词也会发生情态化，这即是情态主观化带来的扩展效应，这是第 6 章的内容。而情态范畴本身建立之后，也会跟其他语法范畴发生互动，比如特殊结构中的情态范畴，有复句中的情态助动词和构式中的情态助动词，情态助动词与其所在的特殊结构的互动，这是第 7 章要讨论的内容。

以往学者们对单个助动词的研究已经比较常见，诸如"能""会""要"等被高频研究的助动词。我们避开这种研究单个助动词案例的思路，试图从主观性和主观化理论入手，以情态范畴为研究的例证，从情态助动词去研究主观性和主观化理论。对汉语中情态助动词和主观性、主观化两者结合的研究还不常见，本书的研究填补了这一空白。

1.2 国外研究情态的现状

1.2.1 情态的定义

情态在语言学中指的是句子中说话者表达对言语的态度或意见（Lyons，1995；Palmer，1986）。Givón（1984, 1990）、Palmer（2001）认为情态是与时（tense）、体（aspect）并列的语法范畴，称之为"TAM"。Nuyts（2001a，2005）从语义的角度对情态进行定义，认为情态指的是事物状态的限制性条件。具体说来，情态所表达的是一个可能性、必然性、必要性的概念，以及相关的允许义、义务义和意愿义。西方语言学中常常将情态助动词（*may*，*might*；*can*，*could*；*will*，*would*；*shall*，*should*；*must*）所表达的意义作为基本的情态内容，语言学家常常把情态的讨论集中于对情态助动词的用法的考察之中。一般来说，情态助动词所表达的不是一个事实性的陈述，而是某种仅仅存在于心理概念之中或者是将来可能发生的场景。

认识情态（epistemic modality）是所有的情态当中关注最多的。对于认识情态，有以下三个方面的定义：一般经典的定义，认识情态是说话者对于言语表达的命题真实性的判断；从隐喻的角度来看，认识情态是从根情态到认识域的扩展；从指示性来看，情态代表了语言所赋义的在所表达的世界中（expressed world）和所指示的世界（reference world）中的对比，尤其强调在两个世界中的距离概念（Chung，Timberlake，1985：203）。进一步说，"距离"的概念，尤其是认识距离（epistemic distance），对于情态很重要，表达的世界和指示的世界的距离越大，情态化的程度越强，说话者对于命题真实性的态度越弱。

1.2.2 情态的分类

如果没有不把情态的次类搞清楚，很难明白情态的准确定义。依照 Nutys（2005）对情态术语的综述，我们整理了以下关于情态分类方面的信息。

1. 动力情态（dynamic modality）

这个术语最早见于 Palmer（1979），在传统的定义中，动力情态指的是主语参与者有能力或潜能去完成谓语动词所表达的动作。

动力情态所指的能力和潜能可以是主要论元参与者的内在的能力，例如：

（1）菲律宾拳王帕奎奥：我能轻易击败梅威瑟。（人民网，新闻报道，2015年1月）

（2）无花果可作辅助消化的药用。（百度词条："无花果"）

这里的主语可以是有生命的，也可以是无生命的。有生命的主语表示自身具有的某种能力，无生命的主体表示自身具有某种属性。

也可以是由环境因素决定的能力，例如：

（3）这套家具被拆分了之后就能运输了。（容布卢特《宜家创业史》，张千婷译）

（4）从今往后，白大省将是这儿的主人，她可以在这儿成家立业。（铁凝《永远有多远》）

画线部分，"拆分了之后"和"这儿的主人"分别是"能"和"可以"动力实施的条件，该条件就是外在的客观环境因素。

2. 道义情态（deontic modality）

道义情态在传统上一般包括了允许义（permission）和义务义（obligation）的概念（Palmer，1986：96-97）。但是仅仅这样说还是不够的，道义情态还指的是说话人对所表达的内容在道德上的期望程度。道义程度涉及的既可以是社会准则，也可以是个人的伦理标准，这都取决于个人对道义的不同认识和评估。道义情态涉及了一个逐渐变化的语义范畴，从绝对的道义上的需要到愿望、意愿性（desirability）上的程度再到可接受性（acceptability）。

对于表达允许、义务和禁止来说是很复杂的，因为这不仅仅涉及道德接受度的评价问题，还涉及了将这种评价转换成行为对策的问题。

一些涉及意愿义和打算义的概念，是有类似助动词（auxiliary-like）和助动词来表达的，这也算作是道义情态的范畴当中。比如，一些心理动词也可以表达意愿义，那么也可以属于道义情态。总结一下，道义情态主要包括下面几个方面。

1）允许义

某种权威力量对主语行为的允许和许可，例如：

（5）在爸爸的同意下他终于可以出去放风筝了。

（6）老师说你现在可以进他的办公室了。

例句（5）、（6）这种权威的力量就来自与允许的主体"爸爸""老师"。还有一种是社会准则、社会大众以及社会默认的允许，这种允许来自大众常识和背景知识，例如：

（7）小孩子可以调皮点，大人再调皮就说不过去了。（中国早教网，2010年8月）

（8）不过他说妮浩还小，再过两年才可以成亲。（迟子建《额尔古纳河右岸》）

有时候，并不是权威力量的允许，而是要完成谓语动作所必需的客观条件的允许，这里的义务义似乎跟动力情态的环境而决定的能力义有些重合，但是实际上两者还是有所不同，例如：

（9）从蘑菇所处的树枝的位置上，你可以判断出冬天的雪大不大。（同上）

（10）拉吉达说从妮浩的举动中，可以看出她将来可能要做萨满的。（同上）

画线部分为完成谓语动词"可以VP"的外在条件，当外在的环境或条件满足之后，情态助动词的施事具备该条件后自身有了某种能力，那么就还是属于动力情态；当缺少外在条件该施事就不能具有某种能力，那么这个情态助动词就是道义情态。道义情态更加侧重于外在条件的重要性。上两例画线部分都是情态助动词具备道义情态的外在条件。

2）义务义

这种义务义来自某种权威力量的命令或禁止，大多用祈使的口吻，例如：

（11）你必须好好学习。

（12）你不应该那么做。

义务义还来自主语论元自身的某种需要，例如：

（13）I must eat something now, or I'll starve.

我必须吃点东西不然要饿死了。

这点也是最容易跟动力情态有交叉的地方。两者都指的是主语自身的某种属性。动力情态指的是"能力"，道义情态指的是"需要"，这种"需要"不满足就会产生某种后果。

3）意愿义

意愿义表示的是主语的某种想法，这种意愿可能是主语自身的需要，也可能是外部环境的改变使得主语意愿的改变，例如：

（14）（小孩对妈妈说）我要吃棒棒糖。

（15）天气很热，我要开空调。

3. 认识情态（epistemic modality）

认识情态指的是说话人对事态的可能性的估计，多用情态助词或情态副词来表达。认识情态是个程度问题，通常认识情态仅指的是可能性和必要性。

一个问题就是认识情态和传信范畴（evidentiality）的边界问题。传信范畴通常是从信息的来源的角度来定义的（Chafe，Nichols，1986；Willett，1988）。因而传信范畴涉及的是以下几个方面：

直接通过个人的感觉器官去认识，就是直接经验（experiential），例如：

（16）这时，她发现我脸上的累累血痕，立刻下床……（王朔《过把瘾就死》）

例句（16）中是通过人们的视觉器官直接得到了结论。

在直接认识信息的基础上间接地演绎出，即为推理的（inferential），例如：

（17）他的车停在门口，所以我觉得他应该在家。（陶畅《末日凶猛》）

来源于我们的背景知识，即为推断的（reasoned），例如：

（18）这个故事听起来非常合乎情理。

从其他地方得来的信息，即为听说或者报道的（reparative），例如：

（19）我听说他要跳槽了。

一些学者将传信范畴纳入认识情态的范畴去考虑，而一些学者则并没有纳入，还有些学者甚至认为传信范畴应该与整个情态范畴独立开来。我们可以理解，因为认识情态依赖的是理据，而传信范畴侧重的是理据的类型。这一点我们在本书中要谈到，还要涉及一些汉语中传信范畴和情态到底是怎样的关系。

从语义上看，可能性和必要性是这三类情态共同拥有的。可能性和必要性也被认为是情态最典型最核心的语义。

4．其他的分类方法

一些学者提出了不同的情态的语义分类方法，例如：

1）参与者内部的情态和参与者外部的情态

Van der Auwera 和 Plungian（1998）提出了一种情态叫作场景情态（situational modality）且这种情态不属于动力情态，而是属于外部参与者的情态（participant-external modality），与内部参与者的情态（participant-internal modality）相对。这与 Hen gveld（1988）提出的对动力情态的两种分类有异曲同工之妙。他将动力情态分为参与者内部的动力（participant-inherent dynamic）和参与者施加的动力（participant-imposed dynamic）。但是有所不同的是，Van der Auwera 和 Plungian（1998）认为外部参与者的情态跟道义情态最为接近，因为道义情态中的道义也是外部力量。但是，道义情态跟外部参与者的情态也有不同之处：道义情态中的可能性和必要性是纯粹的物理条件下的内在力量，而外部参与者情态则是由说话者或其他的人或一个权威性的机构等施加的力量。用一个表格来表明他的情态分类，如表1所示：

表1　Van der Auwera 等（1998）对情态的分类

可能义（possibility）			
非认识可能义（non-epistemic possibility）			认识可能 不确定 （uncertainty）
参与者内部的可能： 动力可能、能力	参与者外部的可能		
	非道义可能	道义可能（允许义）	
参与者内部的必要： 必要义	非道义必要	道义必要（义务义）	认识必要 比较确定的可能 （probability）
	参与者外部的必要		
非认识必要义（non-epistemic necessity）			
必要义（necessity）			

2）根情态和认识情态

根情态指的是与认识情态相对的一种情态。它又可以仅仅指道义情态（Steele，1975a；Tamly，1988；Sweetser，1990）有时候可以指动力情态和道义情态（Hofmann，1976；Coates，1983）。同样地道理，Palmer（2001）将动力情态和道义情态共同命名为事件情态（event modality），与命题情态（propositional modality）相对应。而命题情态包括认识情态和传信情态。

根情态和认识情态的区分是基于人类的两种心理活动的范域：第一种是人的情感域或行为域；第二种是人的知识域（the domain of knowledge）。情感/行为域和经验知识域的区分与心理学的域的区分是一致的，心理或认知心理学是跟临床心理学和社会心理学需要区分开来的。比如，在西班牙语中，动词 *pedir* 和 *preguntar* 是区分开来的，前者指的是一个根的言语行为，即说话人使用 *pedir* 来让听话人去干某事；而后者指的是一个认识的言语行为，即说话者使用 *preguntar* 表示从听话人那里获取某些信息。

Paul Larreya（2009）将情态也分为根情态和认识情态，根情态又进一步分为物理性情态（physical modality）和道义情态，他认为 *He had to stop; he was exhausted* 中的 *have to* 是根情态中的物理性情态；*You must stop* 中的 *must* 是根情态中的道义情态。认识情态又进一步分为了不确定性的情态（problematic modality）和推理情态

（implicature modality），他认为 *He must be tired* 是认识情态中的不确定性的情态；而 *You must be mad to do that* 是认识情态中的推理情态。

3）以施事为指向的情态和以说话人为指向的情态

还有一种分类方式是将情态分为以施事为指向的情态（agent-oriented）和以说话人为指向的情态（speaker-oriented）。这个分类主要是由 Bybee 等（1994）学者对情态的分类。他们将情态分成以施事为指向的、以说话人为指向的和认识情态三种。以施事为指向的情态指的是施事完成谓语动词所表达的动作行为所需要的内部条件。它包括下面几个语义内容：①义务义（obligation），指的是外在的社会的条件迫使施事取完成谓语行为；②必要义（necessity），指的是物理性的条件迫使施事取完成谓语行为；③能力义（ability），指的是内在的条件引起施事取完成谓语行为；④意愿义（desire），指的是内在的意志条件引起的施事完成谓语行为；⑤根可能（root possibility），指的是能力义的一般化使用，不仅包括内在的能力还包括外在的能力。而以说话者为指向的情态则指的是说话者施加了某种条件使得听话者完成某个动作，包括有祈使、禁止、劝告、允许等。

4）Narrog 的情态分类

Narrog（2005）以两个维度为依据给情态分类，一个是意愿维度，分为意愿义（volitive）和非意愿义（non-volitive）情态，非意愿义情态包括了认识情态、传信标记和动词情态；意愿义情态包括了道义情态和 boulomaic 情态。这样，通过"意愿"维度就把道义情态和认识情态分开了；还有一个维度是以说话者为指向（speaker-oriented）和以事件为指向（event-oriented），以说话者为指向的情态直接相关于说话者在说话时间的自我判断；以事件时间为指向的情态关心的是事件的参与者和既定的场景。

1.2.3　情态类型的区分标准

1. 根情态和认识情态的区分

Heine 提出了几个标准来区分根可能和认识可能的区别：

①有某些驱动力（force），有某种力量推动着根情态的发生；

②事件的发生是受一个控制性的施事来完成的；

③事件是动态的；

④事件在所指示的时间内还没有发生，如果一旦发生，那么就晚于所指示的时间；

⑤事件是非现实性的（Palmer，1986：96），但是有发生的可能性。

一个句子具备上述五种特点越多，那么就越接近根情态。一个句子具备上述五种特点越多，那么就越接近根情态。

需要强调的是，根情态和认识情态都有可能性。那么如何区分根情态的可能性和认识情态的可能性呢？我们认为，区分这两个可能性，第一点才是最重要的，缺少了第一个条件，就相当于不是根可能性了。因为缺少了内部的动力就意味着缺少了某种意志，那么这种可能性就是某种推测。可能性的强弱也是判断根可能和认识可能的重要指标。根可能比认识可能有更强的可能性，而且多有判断的条件。

2．Traugott 对道义情态和认识情态的区分

Traugott 和 Dasher（2002）提出了区分道义情态和认识情态的几个标准：

①普遍化了的道义上的和认识上的必要性和可能性；

②范域；

③（交互）主观性；

④时间性；

⑤情态强度的度量。

3．Langacker 和 Pelyvás 对道义情态和认识情态的区分

Langacker（1991）提出了基本认识模式（basic epistemic model）和动态演变模式（dynamic evolutionary model）。这两个模式基于三个概念：已知现实性（known reality），过渡现实性（immediate reality）和非现实性（reality）。他用动态演变模式解释了道义情态和认识情态，但是 Pelyvás（1996）认为这个模式用来说明认识情态会更加合适。而上述两种模式更加说明了认识情态的概念化相比较道义情态来说是缺乏动力的。

1.2.4 情态的语义的特点：情态的多义性、单义性和不确定性

多义性和单义性的区分实际上就是情态的语义和语用的区分。不同的语言学家对此有不同的看法。Sweetser（1990）是将情态看作是多义性的，分为三个域分别是，内容域、心理域和言语行为域。而将情态看作是单义性的理论则是描述了一个语义的框架，将语用内容看作是语义的进一步发展（Papafragou，2000）。

Coates（1983：14）指出了英语的情态助词的三种不确定性（indeterminacy）的类型，分别是：连续性（gradience）、模糊性（ambiguity）和融合性（merger）。连续性指的是一些情态意义是一个连续统，比如：*can* 表示能力是其中心意义，而表示可能是其边缘意义，从能力义到可能义的转变就是一个连续统。而模糊性则是需要具备下面几点性质：

①一个给定的表达中有两个意义，而且不能够通过上下文语境来决定这个表达到底选用的是哪一个意义。

②这两个意义是一个非此即彼的关系。

③这些意义属于不同的范畴，例如：一个意义属于根情态和一个意义属于认识情态，那么这两个意义就是两个不同的范畴。

④这两个不同的范畴就是离散的量。

Coates 的所举的"模糊性"的例子中涉及的是英语的情态助词 *must*。她认为 *must* 是具有模糊性的，因为它既属于以施事为指向的情态，也属于认识情态。

融合性涉及的性质是上述模糊性的性质中的第一点和第二点，但是第三点和第四点则不相同：

第三点，这两个意义是一个互相包容的关系，即理解这个表达并不需要在这两个意义中做出非此即彼的选择。

第四点，在特定的语境中，这两个意义是中和，即它们互相并不排斥。

关于融合性的例子，Coates 举了英语中的 *should* 和 *ought to* 的例子。

1.2.5 情态和其他概念的关系

1．情态和力量动力（force-dynamic）理论

Talmy（1988）提出了一种从动态作用力（force-dynamic）的理论来解释道义情态。驱动力实际上就是对传统的语言学中的使役（causaitve）概念的概括。但是它不仅仅是一种致使的动力，而且是一种容任性（letting）的动力。Talmy（1988）将纯粹的物理动力看作是最基本的动力，它是使役的原型动力。那么在分析情态的时候，Talmy（1988）也就把这种纯粹的物理动作作为情态分析中的原型。Sweetser（1990）又将这种情态的驱动力的理论运用到了所有的根情态。她认为从根情态到认识情态就是一种隐喻的隐射。她还举了 *may* 和 *must* 的例子，认为 *may* 的认识情态的可能义是根情态在认识世界的对应物。例如：

（20）John may go.

John 可以走了。

指的是 John 没有受到某种权威力量的阻碍，可以"走了"，*may* 是根情态用法。

（21）John may be there.

John 可能在这儿。

指的是说话者没有受到阻碍而做出了一个假设的结论"John 在这儿"。从第一句到第二句就是 *may* 从根情态到认识情态的隐喻。

（22）You must come home by ten.（Mom said so）

妈妈说你必须十点之前回来。

指的是一个直接的力量（妈妈）迫使第二人称主语去完成谓语动词。

（23）You must have been home last night.

你昨晚可能在家。

指的是某个直接的证据迫使说话人得出了"你在家"的这个结论。

Sweetser（1990）还分析了英语中的其他助动词，之后，又从语用角度来分析，

认为语用的因素可以解释为什么情态可以施加影响或者客观描述真实世界。

在对英语和丹麦语的一些情态研究中，情态动词的动态作用力概念得到进一步发展。这个理论的提出为情态的研究提供了一些有利条件，比如：情态动态作用力概念引出了对情态的强度（intensity）的研究。由于动态作用力有强有弱，因而情态也是有强弱之分的。情态动态作用力还分为主动力（agonist）和对抗力（antagonist）。主动力的概念运用到情态中就是受情态强度影响的一个主动施力的对象，对抗力就是一个参与者，指的是情态的目标。

情态动态作用力与情态的三个分类联系起来，就使得它们的分类更加清晰。动力情态就是情态的动态作用力是物理性动力；道义情态和认识情态动力来源于社会性的或者是心理方面的因素。除此之外，情态动态作用力的概念还与认知语言学有关。

2. 情态和非现实性（irrealis）

最早使用 irrealis 这个术语的可以追溯到萨丕尔（1917）对于派优特语的调查中使用，他认为这种语言中有非现实性的情态词缀，表示这个动词所完成的动作行为是非现实的即：要么是潜在的还尚未发生，但有可能发生的；要么是与事实相反的。非现实性是跟现实性（realis）对立的一个语法范畴。关于这一对术语，西方还有学者使用 Factive VS Non-Factive，Acutual VS Potential 这些术语。Comrie（1985）认为，现实性范畴指的是已经发生或者正在发生的情景，非现实范畴则是现实之外的所有情景。现实性多为断言（assertive）的，非现实性多为非断言（non-assertive）的。情态就是非现实性范畴的一个重要的表达手段。

很多语言中的非现实性和现实性是用屈折形式来区分的，Lichtcnbcrk（1983）调查了 Manam 语言中动词的形态，其区分非现实性和现实性非常具有典型性，如下：

	REALIS	IRREALIS
1SG	*u-*	*m-*
2SG	*ʔu-*	*go-*
3SG	*i-*	*ŋa-*
1PL.EXC	*ʔi-*	*ga-*
1PL.INC	*ta-*	*ta-*
2PL	*ʔa-*	*ʔama-*
3PL	*di-*	*da-*

3．情态和意愿性（volition）

意愿性与情态的联系也很密切，在英语中意愿义的标记 *will* 也是一个情态表达。意愿性分为内在的意愿性和外在的意愿性；比如 *John must leave now* 内在的意愿就是 John 自己做了一个决定，决心离开，因而这里最重要的是 *leave* 这个动词的性质，*leave* 不能是一个不自主的动词，比如类似 *sneeze*（打喷嚏）这样的动词；而外在的意愿就是 John 的离开是由于某种社会准则或实际条件的限制或某人的建议、命令等。

意愿性还可以分成主体的意愿（subjectal volition）和客体的意愿（objectal volition）。主体的意愿指的是说话者的意愿，在外在的意愿性当中主体意愿和客体意愿是不一致的，主体意愿指的是权威的意愿，是外在施加于施事的意愿；而客体意愿指的是施事者自己的意愿。

意愿性还有强弱之分，强意愿性指的是这样的一种推理：某些物理性的阻碍和外在的意愿性可能会阻碍完成某事，比如 *I will stay here* 可以指这样一种推理：无论你喜欢还是不喜欢，我都会留在这里。而弱意愿性则常常跟这样的推理联系在一起：外在的意愿性直接指向情态化了的场景的完成。比如：*OK, I'll do the dishes* 这里可以理解成为是对听话人的要求的回答。意愿性还可以分为事实性意愿性（factual volition）和非事实性意愿性 （non-factual volition）。比如：*I want to go* 和 *I will go* 这两个句子中，前者可以理解成为是非事实性的意愿，因为"离开"的这个动作尚且还没有发生；而 *I will go* 中，*go* 这个动作已经开始发生了。

1.3　主观化和主观性理论

关于情态的主观化研究，我们主要采用 Traugott 和 Langacker 的理论。

语言的主观性最早由 Bréal（1964）提出，之后的二三十年间，在认知语言学发展的基础上，语言的主观性概念又进一步得到发展。相关重要概念的研究，首先是对言者主语和句法主语的区分，由 Benveniste（1966：261）提出。进而，主观性的重要性由 Lyons（1977，1982）得到加强。接着从认知功能方面关注语言主观性的重要性的有 Traugott（1989），Stein 和 Wright（1995），Langacker （1990）。进入 21

世纪之后，对语言主观性的重要的研究有 Nuyts（2001），Traugott 和 Dasher（2002），
Langacker（1999，2002，2006），Verhagen（2005），Athanasiadou、Canakis 和
Cornillie（2006），DeSmet 和 Verstraete（2006）。

关于语言主观性和主观化的研究，有两位学者的研究具有里程碑的意义——
Traugott 和 Langacker。

1．Traugott 的历时主观化理论

在 Traugott 的理论中，（交互）主观化是一个语义过程，指的是语义的变化越来
越具有主观性。语言成分（语素、词、短语、构式）发展出新的意义，涉及说话者
的参照或说话者的视角。例如：Traugott（1982）提出了一个不可逆的语法化的语义
演变链：命题的 > 语篇的 > 表达的（propositional > textual > expressive）。这个演变
过程是 Traugott 基于 Halliday（1976）提出的语言的三个功能域提出的，即概念功能
（ideational），语篇功能（textual）和人际功能（interpersonal）。Traugott 选用"命题的"
这个术语，旨在强调表达的内容；选用"表达的"这个术语是为了强调语言的社会性，
语言表达说话者的态度和立场，但她没有用"人际的"这个术语，也留下了开放性
的问题：是不是所有的人际功能都具有主观性呢？是不是人际意义或早或晚于主观
化？接着，Traugott（1989）提出了语义演变的趋势：趋势一，建立在外部情景基础
上的意义 > 建立在内部情景基础上的意义；趋势二，建立在外部或内部场景的意义 >
建立在文本上的或元语言（metalinguistic）情景上的意义；趋势三，意义倾向于变得
越来越依赖于说话者对命题的主观信念或态度。Traugott（1989）建立了一个情态发
展趋势的轮廓：首先动力、道义、认识，这三种情态都来源于主要动词，很多意义
比较实在而且获得了内在的评价意义（趋势一），然后它们获得了道义情态的意义，
这是一种元语言的和类似言语行为的意义（趋势二），最后它们获得了认识的意义，
主要集中在说话者内部世界的信念和知识（趋势三）。Traugott（1989）考察了英语
的 *sculan* 源于主要动词（main verb）*owe*，发展出不同的情态意义，是一个从客观的
命题的意义到主观性的意义。Sculan 从最初的具体意义（财务上的"欠"）获得了
内在的评估意义，语义的发展仍保留了其命题意义，变成了道义上的"欠"。这些
道义情态上的意义最终转变成为依据说话人主观态度的认识情态意义。

2. Langacker 的认知主观化理论

在 Langacker 的理论中，一个表达或一个意义，既不完全是客观的，也不完全是主观的。他的理论中，一个意义常常既含有主观性的成分又含有客观性的成分，这取决于诠释（construal）的角度。在他的观点中，表达或意义的主观化的程度是没有意义的，他只讨论一个特殊的成分在整个场景中的状态。在 Langacker（1985，1987）的观点中，主观和客观这一对术语暗指的是主体和客体的对应。一个实体（entity）被认为是从客观的角度被诠释，即是实体被凸显了（onstage），焦点集中在这个客体上了。而一个实体被主观化地诠释了，那么就是说，这个实体没有被凸显（off stage），而是作为一个没有自我意思的、暗含的概念了。概念生成者（conceptualizer）和被概念化了的东西是不对称的。

客观性诠释的成分和主观性诠释的成分。主观性的诠释成分包含说话者，其次是听话者，当它们作为一个概念生成者的时候，他们使用和理解这个该表达的意义。例如，英语中的情态 *may*，*will* 和 *must*，并不存在连续的从客观到主观的发展，而是从主要动词到情态涉及了动词概念化中的某一成分被主观化地诠释了。例如，*magan* 在古英语中时主要动词，是从客观角度诠释的动力，即作为一个焦点化了的概念的客体，带着被非限定性的补足语描述的场景从一个射体中发散。在它作为情态动词使用的现代英语中，这种情态的动力已经从说话人的角度主观性地诠释和发散了。这样，Langacker 的理论中，"主观性"这个术语就不限于语言表达的语义内容了，主观性在他的理论中被理解成诠释的概念视角。Langacker 认为主观性和客观性在一个感知的场景中的观察者和被观察的主体之间是不对称的，那么最大化的主观性是以观察者的视角为基础的；最大化的客观性是对将注意力集中在感知的客体上。说者和听者从最大的主观性来被诠释的话，是当说者和听者的作用如同一个隐性的概念化了的存在；而如果说者和听者从最大的客观性来被诠释的话，是集中在对客体的关注上，客体（实体）被前景化和被凸显。Langacker（1985，1999）在谈到历时性的主观化的过程中，举了认识情态的例子。他认为从道义情态到认识情态的过程就是一种主观化的进程。比如，*They must be married* 这句话如果从道义情态来讲，意义就是由于外部动因致使"他们需要结婚"；如果从认识情态来讲，就是"很显然，说话人断定他们结婚了"。不管古代汉语的情态词的发展过程中有没有认识情态的发展，它们的主观性的增强，这一点是无疑的。他认为，情态的演变——从根情态到认识情态，实际上就是主语控制力的逐渐减弱（attenuation of subject control）。因而潜力的来源由主语变成了说话者。但是说话者并不是这种潜力的必要的来源，还有可能是某种模糊而概括的权威主体。

关于主观化，在 Langacker 早期版本中认为是一种替代、客观性的结构中，说话者并没有起到任何作用，如图 1 所示。

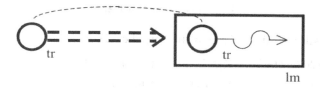

图 1 客观的诠释关系

tr 代表射体，这个图表示的是一种侧面（profile）关系。是同一个射体在两种不同场景下的关系。而 Langacker 又将主观化分为两种类型，第一种类型中，客观的射体的诠释关系被说话者或概念者所取代，说话者或概念者是一种基底（ground），用 G 来表示，这里仍然表示的是一种是概念者和被概念化的场景之间的诠释关系。如图 2 所示。

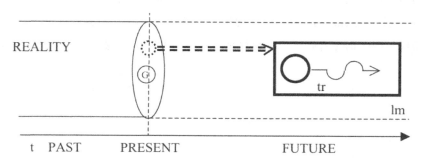

图 2 Langacker 的主观化 I

还有一种主观化的方式是：基底和场景不再是一种侧面关系，侧面的实体只有场景而没有基底了，注意力从参照点转向了目标，关系被完全主观化了，如图 3 所示。

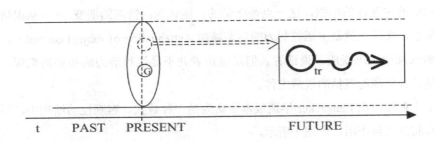

图3 Langacker 的主观化 II

之后的 Athanasiadou、Canakis 和 Cornillie（2006）的著作 *Subjectification: Various Paths to Subjectivity*，采用 Langacker 的方法，主要研究了情态、形容词和句法三个方面的共时研究，是对 Langacker 理论和实例研究的补充。对情态研究的部分，几位作者均运用 Langacker 的 Grounding 的理论与主观化的结合，研究了一些跨语言的情态动词。

3. 综述两种方法

综上可见，对于主观化的标准的研究方法，两位学者的角度不同，是从认知语言学和历时语法化两个框架来进行的。图4中，纵轴表示的是 Langacker 的主观性理论，横轴表示的是 Traugott 的主观化理论。前者认为主观性和客观性的区别在于说话者隐藏和显现；而后者则认为主观化是随着说话者的印记越来越多地表现出来。

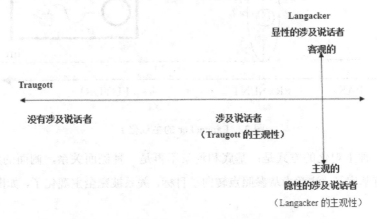

图4 Langacker 和 Traugott 主观性理论的异同

而这两个框架都基本上是语义—语用的性质。这种过程在传统语言学中被定义为语义—语用的变化，从下面的几位学者对主观化的认识中可以看出：

①主观化是一种普遍的语义变化的类型（Langacker，1991：324）。

②主观化是一个从客观性的对某个实体的诠释到越来越主观性的诠释（Langacker，2000：297）。

③主观化指的是语义—语用变得越来越基于说话者对命题的主观态度、信念、观点等的过程（Traugott，1995a：31）。

④意义变得更加主观性，就是说，它们跟说话者的态度联系变得越来越紧密，尤其是对话语流的元文本（metatextual）态度（Traugott，1995b）。

⑤主观性是一个语义的过程，言说者 / 写者在言语交谈中赋予词汇以个人的立场或态度（Traugott，Dasher，2002：30）。

⑥主观性涉及了自我表达，代表了说话者的立场和对篇章的角度（Finegan，1995：1）。

⑦主观性指的是自然语言以它们的结构和正常的运行方式提供给言内行为施事的自我表达（Lyons，1982：102）。

传统语言学对主观化的定义就是：主观化是一个动态的过程，这个过程中，说话者对于事件的评估、立场、态度，说话者与听话者的互动以及社会性的或情感上的距离亲密，都可以在语言中找到相应的编码符合，进而形成高度规约化的意义。

对于主观化，学者集中于语义—语用的演变研究有如下四个方面：

①指示意义的减弱。主观化的发展会使句子主语的控制力减弱。一般来说，主观性的表达并不会采取意愿性的施事，因为意愿性的施事有能力控制事件当中的谓语动作；主观性的表达更倾向于用无生命的名词（Langacker，1999，2000）。或者一个主观性的表达常常缺乏一个主语。施事控制力减弱或丢失之后会引起句中参与者关系的减弱，这样，句子就作为一个整体支持主观性的解读。

②谓语范域的前化或宽化。主观性的表达一般来说具有命题外的范域（extropropositional scope），正是因为这个原因，它在句中的位置也相对灵活，它们有时候可以出现于最左边的位置。这样主观化就意味着谓语范域的扩大。相对来说，没有主观化的表达一般就是命题内的范域。（Adamson，2000：40；Campbell，2001：137；Tabor，Traugott，1998；Sischer，2000：357）

③形式的固化和谓语的自主化。主观性可能会演变成固化了的表达，比如一个话语标记。以往的对于语篇—语用助词的研究中发现，很多都是由于主观化的过程引起的。（Traugott，1995，1999）

④句法能力的丢失。主观化可能会产生严格形式上的句法分布，主观化的表达常常会显示出非常严格的句法分布和互补。

4．主观化和隐喻、转喻的关系

Lakoff（1993）将隐喻定义为在两个概念域之间，一组对应关系或概念映射。其中一个概念域（源域）帮助我们理解、组构和推理另一个概念域（目标域）。也就是说，隐喻是一个涉及跨域映射的扩展过程。Lakoff 和 Turner（1989）将转喻看作是规约化了的概念映射，跟隐喻比起来，它只涉及了一个概念域。Croft（1993）从域的映射的角度来对比隐喻和转喻，认为隐喻是域的映射（domain mapping），转喻是域的突显（domain highlighting）。

Sweetser(1990)将道义情态到认识情态的转换看作是从社会物理域(socio-physical domain）到认识域（epistemic domain）的映射。认识情态被看作是一个从社会物理性的概念到认识性的概念。她认为道义情态动词是力量和阻碍的社会物理概念；表示允许的 *may* 可以理解为潜在的但并不存在的阻碍；表示强制性的 *must* 可以理解成迫使主语朝向某一个行为的强制性力量。Hopper 和 Traugott（1993）认为从道义情态到认识情态的转换并不是一个隐喻的问题。他们用了 *will* 的例子来说明问题。*will* 的原型意义源自古英语中 *willan* 的意愿义。*will* 的意愿义可以看作内部参与者的情态，随之它的发展包含了认识意义。同时，语境中说话者要求听话人的道义意义常常带有一种预测义。他们还关注了处于发展链的中间状态的 *will* 的意义，也就是介于 *will* 的原型意义和表示将来时的助词之间的过渡状态。

在 Traugott 看来，转喻是比隐喻更加基础、更加重要的语法化的机制。Traugott 等（2002）还认为，主观化是转喻的一种，而转喻又是语法化的语用推理的因素，是语法化的机制。主观化是语义变化的一种，而且主观化又不限于仅仅是语法化。

近来，主观性和主观化理论的研究主要集中在三个方面：

①施事的视角；

②施事的情感表达；

③情态的施事表达。

施事的视角是从表面语言现象背后的认知动因来分析的。关于视角，Langacker（1985，1990，1930a，1930b）从语义和语法两个方面进行过阐述。Talmy（2000）在研究认知表征中的虚拟运动（fictive motion）中提及了视角系统包括以下几个图式范畴：视角的位置、视角的距离、视角模式（perspectival mode）和观察导向（direction of viewing）。施事的情感表达主要指的是言者对命题的情感或观点。Traugott（1982，1988，1989，1995）从历时的角度阐述了情感的主观性。她历时考察了副词和连接词的语义变化，比如：*mere, indeed, even, actually, in fact, rather than, while, since*。说话者情感的会话含义被规约化。情态的主观性则主要集中在情态动词和情态副词的研究之中。

1.4 国内研究情态新进展

以往，国内对情态的研究主要集中在对情态助词的分类和句法特征的研究（丁声树，1961；马庆株，1988；赵元任，1979；朱德熙，1982；周小兵，1991；孙德金，1996）和词性分类（马建忠，1898；黎锦熙，1955；丁声树，1961；赵元任，1979；朱德熙，1982；王力，1943；马庆株，1988；郭志良，1993）。近些年来，运用西方语言学理论，对汉语情态研究比较重要的有范开泰（1988），贺阳（1992），汤廷池（1997），温锁林（2001），齐沪扬（2002），崔希亮（2003）。这些我们不予详细的叙述。

最近三十年，国内对情态的研究有了新的重大进展，有影响力的主要集中在以下几个方面。

1.4.1 情态动词语法化的研究

李明（2001）对情态助词的历时演变做了详细的描写，总结了六种助动词词义发展的脉络：条件可能向认识可能发展；条件可能向道义许可发展；条件可能向评注义发展；条件必要向道义必要发展；条件必要向认识必然发展；应当义向盖然义发展。朱冠明（2003）着重以"能"和"须"为例，分析了情态动词演变中的隐喻和转喻的机制。龙国富（2010）讨论了"当"和"将"，"当"从动词发展为道义情态，是通过重新分析得以实现；"将"从行为动词发展为情态动词，则是在控制结构和提升结构中语义上发生变化的前提下实现，它们又从情态动词发展成为将来时间副词。还有一些学者对某个时代的情态助动词的断代描写，这也为我们在研究情态词整个的历时发展上提高了帮助，有《〈朱子语类〉助动词研究》《〈韩非子〉助动词研究》《〈淮南子〉助动词研究》《〈敦煌变文〉助动词研究》《〈世说新语〉助动词研究》等。

1.4.2 情态动词的分类研究

对情态动词共时研究最多的当属对认识情态的研究。认识情态最具有主观性，也是最典型的情态，因而最具有研究价值。李剑影（2007）将研究范围集中在现代汉语能性范畴，能性范畴主要包括能性情态助动词和能性补语两大类，他引入情态的相关理论，着重研究能性助动词的意义和能性补语的情态表现等。孙娅爱（2009）对现代汉语可能补语做出了研究，研究的对象包括"V 得 / 不 C""V 得 / 不了"以及"V 得 / 不得"三种形式，事实上这是用补语结构表达汉语中的可能义的情态。冯军伟（2010）单独研究了汉语中的认识情态，比如"怕""恐怕""哪怕"表示说话人的主观态度；并且做了"我（们）觉得"的弱断言认识情态研究和"（NP）+V+ 起来 +Ap"结构的评估认识情态研究。单篇论文研究中诸如，李敏（2010）分析了汉语中的义务义情态，认为从义务义到祈使义是一个连续统；同样的，郭昭君（2011）也研究了义务义情态。

1.4.3 情态动词和其他语法范畴的互动关系

1．情态和时体的关系

彭利贞（2001）研究了多义的情态动词与现代汉语动词情状、体和否定范畴的互动关系，分析了情态连续同现的语义组配方式。徐晶凝（2008）也讨论了情态与时体表达的互相渗透，她讨论了语气助词"啊""呢""啦""来着"等，即有时体表达又有情态表达。彭利贞（2007）讨论了三类情态与持续体标记"着"的互动作用。还有一些学者讨论了情态和将来时的关系：石毓智、白解红（2007）则对比了英语和汉语将来时的认识情态用法。这些著作是运用情态的理论来解决时体问题，从历时的角度看两者的关系或者认为一些时体标记其实表达情态意义。

2．情态和语气、句子类型的关系

研究情态和语气的学者有贺阳（1992），研究情态语气和句子功能的关系的学者有石定栩、赵春利（2011）：他们理清了汉语语气概念的内涵，认为语气对应的英文概念是 *mood*，是通过形态句法手段来表示说话者表述话语方式的句法范畴，情态对应的英文是 *modality*，是通过情态动词或情态副词来表示说话者针对命题所做主观判断的语义范畴。

1.4.4　情态的语义性质的研究

1．对非现实性的研究

非现实性和现实性是重要的一对语法范畴，情态是非现实性重要的表达手段。李敏（2006）研究了非现实这个语法范畴，非现实性是情态的重要特点，因而整篇研究的是情态的非现实性。文中分析了各种情态的非现实性地位，并认为情态助词和情态副词以及将来时都是非现实范畴的句法实现形式。张雪平（2009，2012a）研究了现实性和非现实性的句法差异以及现代汉语非现实性的语义系统。

2．对传信性的研究

传信范畴指的是说话人对命题的确定性和可靠性及其信息来源。传信范畴可以是说话人的直接感受或亲眼所见之类的直接的消息来源；也可以是听说之类的间接的消息来源。国外语言学传信范畴研究领域的代表人物是：Chafe（1986），Anderson（1986），Willet（1988）。国内的学者，胡壮麟（1994a）、张国宪（1997）、严辰松（2000）和牛保义（2005）等都引用和讨论过三位学者的理论。Chafe（1986）认为传信范畴有五个要素：①知识背景；②信息可靠程度；③知识或信息获取方式；④知识或信息来源；⑤知识与期望的差异。由此，很多学者都围绕着这五个方面中的其中一个或几个进行讨论。李晋霞、刘云（2003）从传信角度解释了言说义话语标记"如果说"的隐喻推理意义。樊青杰（2008）探讨传信范畴在汉语中的语言表现形式，以实际生活中的对话以及访谈节目为语料，分析说话者和听话者在会话中如何使用传信语来传达信息。乐耀（2011a、2011b；2013a、2013b）研究了汉语中的传信范畴，并讨论了话语标记"人说"和汉语中的直接或间接引语的传信意义，以及认为传信范畴是汉语会话话题生成的一种策略。

3．情态词的共现及其词序研究

马庆株（1988）总结了能愿动词的连用规律，认为能愿动词的连续连用是下面的序列（只能正向连用，不能逆向连用）：

可能动词 A > 必要动词 > 可能动词 B > 愿望动词 > 估价动词 > 许可动词

（A：可能）　　　（B：会、可以、能……）

4．对情态词否定的研究

宋永圭（2004）研究了情态动词"能"的否定，分析了"不"和"没"在否定情态时的区别，在情态动词连用的否定中一般用"不"，并且认为情态反问句是语用否定句。彭利贞（2007）认为，内部否定的"不"和"没有"与"能"同现时，"能"一般会表示认识情态，常用于反问句。如果把反问也看成一种否定意义，这些句子则有双重否定的意味，疑问语气表达了对"可能"的否定，表达的意义是"肯定"。李韧之（2007）对比了英汉否定词在模态句中都有语义错位，且主要伴随必要性或必然性模态动词，涉及道义模态、参与者外在模态和真值模态。傅惠钧（2009）考察了情态否定和命题否定的异同。王志英（2013）以"能不 +VP"为例分析了情态的隐性否定的功能，整个构式表达一种否定意义。

1.4.5　情态助动词多义性的研究

王伟（2000）研究了"能"的义项呈现，将"能"的几个义项分为"肯定－否定－疑问"的序列，分析在特定语境中选择某种义项；朱冠明（2003）认为情态的多义性是一种情态意义向另一种情态意义演化的结果。郭昭君、尹美子（2008）则分析了"要"的模态多义性，从"要"的主语生命度、谓语动词的性质等角度讨论。

1.4.6 助动词个案的语法化的研究

研究最多的就是高频情态词"要"。江蓝生（1987）认为："最迟在中晚唐'要'字已单独作助动词，而在六朝时期未见单独用的。"杨伯峻、何乐士（1992）认为："唐代出现'要'单独作助动词。"而卢卓群（1997）则认为"要"字单独作助动词在东汉班固《汉书》中已经见到，《世说新语》中亦有用例。卢卓群（1997）在文章中详细探寻了"要"的发展轨迹。马加贝（1994）描述了"要"从名词到能愿动词的发展过程，认为"强求"色彩的"要"是能愿动词"要"的前身。"要"如果经常被用于连动的 V_1 的位置上，这样就为"要"变成能愿动词提供可能。另一方面，"强求"色彩又蕴含"非要……不可"的意味，由此，"要"又衍生出表必然性义项，含有"须要，一定要"的意思。马加贝（2002）主要描写了动词"要"的语法化过程，分析了"要"与能愿动词、转折连词、假设连词诸功能之间的联系以及上述功能与源词的关系。郭昭军（2004，2005）分析了"要"和"想"的情态差异；古川裕（2006）给出了"要"类词在认知上的解释，探讨了"要"由动词到连词的认知解释；彭利贞（2007a：139）认为"'要'可以表达认识情态（必然），表达说话人对事件的事实性或命题的真值的必然性推断。"并且进一步指出，"'要'在可能性程度上比'可能'要大得多，甚至接近必然性。"张万禾（2007）在《助动词"要"的情态语义分析》中认为"要"表示意图，表意图情态的"要"包含 [（＋意愿）（＋定量）] 和 [（＋能力）（－定量）] 两个部分，进而表示义务情态和认识情态。石毓智、白解红（2007）是把"要"但当作一个中期将来时来进行研究，认为"要"可以被副词修饰作"将要""就要""快要"等当作一个将来时标记。

其次学者是对复合词"可以"的研究，王力（1988）认为"可以"是单音节助动词"可"和介词"以"长期结合的结果。刘利（2000）认为由于"可"和"以"长期连缀使用，而"以"后又不带宾语，就使得"以"字的介词功能在使用者的语感中逐渐弱化、收缩，以至于只作为一个构词音节陪衬在"可以"这个复音词中，于是整个"可以"的语义也就自然地偏向了"可"的一边。张月明（1997）认为"可以₂"（即"可"＋介词"以"）并不是"可以₁"（复音助动词）的渊源。"可以"并不能代替单音节助动词"可"。它们有各自不同的语法功能，如"可"后的动词主要表被动意义，"可以"后的动词则大多数表示主动意义。再次，对"能""会"等也有研究。闵星雅（2007）

运用 Sweetser（1990）提出的"语义域"分析了"能"和"会"的三种语义域（meaning domain），即内容域（content domain）、认识域（epistemic domain）和言语行为域（speech act domain）。作者认为"能"和"会"除了这三个域以外还有情感域（affect domain）。"能"和"会"均还可以表示"说话人的情感态度"。

再次，学者对"必要类"动词"应该、该、必须"等也有研究。比如：郭昭军、尹美子（2008）认为"应该"等必要类助动词都可以表达道义情态和认识情态，前者可称为必要类动词。必要类动词大致可分为两个小类，二者的区别表现在程度特征、否定特征、提问方式、独立性、时间特征和语体分布等方面。

1.4.7　其他表达情态的手段的研究

英语中表达情态的手段是丰富多样的，包括了：①情态习语 had better, would rather, would sooner；②形容词，诸如 possible, likely sure；③名词，诸如有 possibility, ikelihood, certainty；④副词，诸如 perhaps, definitely 等。汉语中也不例外，下面我们分述汉语中表达情态的几种手段。

1．情态副词和语气副词的主观性研究

张谊生（1996）归纳了49了个语气副词，并研究了它们在篇章中的连接功能，即推论（包括总结型、理解型、估测型）、解说（包括否定型、确认型、补证型）、追加（包括并存型、主次型、极端型）、转折条件（包括有利条件、起码条件、无条件）。张谊生（2001）还研究了这些语气副词的传信功能，崔诚恩（2002）根据口气类型把汉语情态副词分成了13类，并考察了情态副词的篇章功能和语序。谷峰（2010）研究了先秦汉语情态副词的用法，把先秦的情态副词分为："反预期类""确认类""推断类""揣测类""反诘类""希望和请求类""谦敬类"，他分析了每一类情态副词的句法表现和话语功能。其他单篇类研究情态副词的也很丰富：沈家煊（2001）把国外主观性和主观化的研究介绍到国内后，使用该理论来研究汉语语气副词就成为副词研究中热门课题。如对单个情态词的主观性和主观化的研究，"也许、大概、八成、肯定、准保、显然"表示说话者对命题真实性的相信程度（张伯江，1997；齐沪扬，2003；徐晶凝，2008；匡鹏飞，2011）；齐春红（2006）对现代汉语语气副词进行研究，区分了语气和情态，并从主观量的角度研究了现代汉语语气副词的

表述功能和信息功能等，重点分析了"可""都""还""就"作为语气副词的语法化历程。罗耀华、刘云（2008）从主观性的角度研究了揣测类副词，在交际中它们从视角、情感和认知来凸显其主观性的用法。张则顺（2012）确信情态副词在对话中的语用动因，确定性情态副词多出现为主观性和互动性程度高的典型语言形式。邱崇（2009）则分析了从像义词到语气副词的历时演变。

2．句末语气词的主观性考察

从古至今，语气词都是汉语中表情达意的重要手段。在考察语气词的时候常常会涉及其主观性的表达，考察语气词的情态意义。"吧"能够表达揣测，传达疑问信息的作用（陆俭明，1984；黄伯荣，1997）；"的"在句末可以是一个情态副词，表达说话人对命题的主观态度（李讷等，1998）。

1.5 国内对主观性和主观化的研究的新进展

1.5.1 对主观量的研究

国内对主观性和主观化的研究的起步较晚。首先，学者们从研究程度副词开始进入了对汉语的主观量的研究。陈小荷（1994）中讨论了副词"就""才""都"的主观量表达问题，他认为这些副词"含有主观评价意义的量"，并把"主观量"分成两小类，即主观大量和主观小量。李宇明（1997）论述了主观量的三种成因：异态量、直接评价和量的感染；并据此把主观量分为异态型主观量、直评型主观量（包括直赋型主观量、夸张型主观量）和感染型主观量。李宇明（1999）进一步认为表达主观量的语表手段有四类：数量词语，包括带有修饰成分的数量词语；加在句末的标记词；充当状语的副词；由两个部分构成的固定格式。张宝胜（2003）分析了副词"还"的主观性，认为"还"表示"持续""继续"等主观性。他用"元语增量"对"还"的主观性加以概括。从这个意义上来说，元语增量的"还"，与表示进一层的"还"和表示"继续""持续"的"还"都是一脉相承的。李善熙（2003）讨论了主观量表达的多种手段。张谊生（2006）认为"没""不""好"是近、现代汉语中的主观量标记，"没""不"用于主观减量，"好"用于主观增量。"没""好"

可以标示含有概数的表时间或量度关系的词语，"不"只能标示概约性时间词语；"没"还可以用在动词前，"好×""不×"具有词汇化倾向。我们可以看出，量标记是话语交际中自然留下的主观印记，其基本功用是表达说话人的主观认识，涉及感情、态度和视角。胡建刚（2007）从主观量度出发，分析了语气副词"才""都"和语气助词"了₂"的不同取值特征，论证了"才"表示"主观差量"，"了₂"表示"主观足量"，"都"表示"主观超量"，从而进一步量化了"才""都""了₂"的主观量意义。周家发（2012）用"梯级模型"建构一套用形式化方法解释主观量的理论。

1.5.2　主观性视角的研究

上文已叙述，视角或角度是主观性研究的三个领域之一。Sanders 和 Spooren（1997）认为，主观性是通过主观化和视角化两种方式表现出来。主观化与说话人相关联，视角化与具体的或抽象的人物相关联。

对汉语主观视角的表达研究，刘瑾（2009）研究了汉语中主观量的表达及其人称视角的主观性表达，时空和距离的主观性表达。还有的学者则是研究指示语的主观性视角，大多沿袭了 Buhler 的"我—这里—现在"的系统，认为指示语多以说话者自我视角自我中心性，具有以自我中心的特性。自我表达就是说话人主观态度或立场的反映，主观性就是指示语的特征（姜望琪，2001；吴一安，2003；刘宇红，2002）。有些学者则从主观性视角的角度研究了客体致使句（周红，2006；唐红玲，2008；房红梅，马玉蕾，2008；朱炜，2008；丁黎明，2009）。以及研究主观化对句法限制的消解：邱玲（2010）认为主观化的结果是使句子获得了语篇和元语言功能，句子的可接受度提高；构式意义主观化后，原有的句法形态、选择限制消失。汉语学界运用主观性和主观化理论对助动词进行研究得比较多以外，还有其他语法范畴的主观性和主观化研究，这些不详细讨论。

1.6　本章小结

本章主要探讨了情态研究的一些基本问题。情态的定义、分类以及情态的基本特征。我们选取了两位学者的研究框架来奠定本书的理论基础，Traugott 和 Langacker 的主观性和主观化理论来研究汉语中的情态。

本书的语料来自 CCL 语料库，国家语言文字工作委员会语料库，中国台湾中央研究院的古汉语语料库，近代汉语标记语料库，现代汉语平衡语料库，搜文解字，唐诗三百首等。文中没有标记的现代汉语的语料是一些口语中常用的简单句，比如：我能游泳，我会做饭。这类句子是我们日常生活中常见的，因而并没有从书面的文学作品去寻找。另外还有一个大约 50 万字的现代汉语语料库，主要来源于历届获得过茅盾文学奖的知名小说作品。这些知名作家和知名作品可以反映共同的语言规范和标准，适宜当作语料。我们特别综合了全国各地的作家，避免了由于方言而造成的只有当地特点或仅代笔作家个人语言风格的问题。还有一些报刊、网络小说、网络新闻、应用文，我们也作为语料。归纳起来，我们现代汉语的语料分为下面几种：

①名家小说、散文；

②报刊，诸如《光明日报》，《人民日报》，新华社新闻报道，报刊合集等；

③应用文，诸如《中国百科知识全书》等；

④网络流行小说；

⑤网络的新闻事件报道，比如：新浪头条，人人网分享等；

⑥电视节目，比如：《对话》节目，《百家讲坛》节目，电影剧本。

这样既保证了语料语体的多样性，又保证了足够的口语化，也能跟上时代的潮流。

国内早有学者使用主观性和主观化的理论解决汉语问题，但是研究还不充分，正如沈家煊（2001a）说的那样，汉语中有哪些表达方式和手段体现了主观性，汉语中哪些历时演变体现了主观化，汉语语言现象的主观性和主观化跟世界上其他语言有什么共性和差异，主观化有没有逆向的，有没有主观弱化的现象，这些我们都还没有深入探讨。

第 2 章　情态表达的主观性

2.1　汉语中情态的多种表达手段

情态覆盖了很多种意义，最主要的有三个特点：第一，情态是非现实性的（irrealis）；第二，情态是关于一系列可能世界的状态或事件；第三，情态涉及的是说话者对事件状态的可能性或必要性的评价。例如：

（1）You must go to the lecture.

"你必须去那个讲座"说明事件尚未发生，而且还有可能产生另一个结果，即其他的可能性，就是听话人"最后并没有去那个讲座"；说话人仅表达自我观点，认为"去那个讲座是必要的"，但是到底现实情况如何，我们是未知的。

其实，表现出情态的这三个特点的表达方式多种多样。下面，我们简要地列出了汉语中几种主要的表达情态的方式。

1. 情态助动词

有的学者称作能愿动词、助动词等。《现代汉语八百词》中标注为助动词的有："该、会、敢、得、要、应、应当、应该、可以、可、肯、能"等。

2. 情态副词

情态副词的位置比较灵活，可以单独修饰动词也可以修饰全句，表示说话者的主观判断。例如："也许、大概、必须、确实、可能、肯定"等。根据对情态副词的不同的分类标准，不同的学者对情态副词的分类也不一致。我们不再赘述。

3．语 气 词

比如表示不确定语气的"吧"，表示疑问的"吗"等。

4．话 语 标 记

表示情态意义的话语标记主要指的是这样的一种结构："人称代词 + 心理动词"，比如："我觉得""我认为"等。

5．半 助 动 词

半助动词（semi-auxiliary）主要指的是像义词和中动语态，例如："似乎""仿佛""看起来""貌似"等。

6．构　　式

某些图式化了的构式也可以表示情态功能。例如："× 不了"，"× 得了"。简单来说，"× 不了"主要是对能力义的否定，"× 得了"是对能力义的肯定；但两者均有认识情态的可能性意义。

本书涉及的并不是单纯的一个小类，并不以某个语法特征来分类，而主要挑选一些情态功能明显的情态词来研究，主要是情态助动词以及个别的情态副词。情态的表达还可以使用上述的六个小类中的某两类或某三类同现。

2.2　情态助动词

2.2.1　名称术语

《马氏文通》模仿西方语言的"助动词"建立了汉语的助动词类，称为"助动字"，其成员仅仅包括"可""足""能""得"四个词；后来章士钊在《中等国文典》

中改用了"助动词"这个术语；由于这类词在语义上大多表可能、必要或表愿望，因此语言学家又称之为"能愿动词"。我们可以看出，"助动词"是从结构意义来命名的，而"能愿动词"则是从功能意义方面来称谓的。吕叔湘先生的《中国文法要略》 则把它看作是起判断限制作用的"限制词"；李英哲、郑良伟等很多学者在研究情态的时候认为"助动词用在主要动词之前，说明说话人对主要动词所描述的事情的态度……"，所以又把这类词叫作"情态动词"。由此，我们总结下名称术语主要有：助动词—能愿动词—情态动词。

助动词主要是跟形态或词类相关，是一个句法范畴，是一个从功能上和语义上定义的实体；英语中的助动词除了有我们常说的情态词 *must*，*will*，*can*，*shall*，*may* 之外，还包括能使动词形态变化的词，比如 *have been* 等。我们来分述以往的西方学者在定义"助动词"这个概念时所考虑的因素。

表 2　定义助动词的考虑因素

定义助动词范畴时的考虑因素			西方代表学者
时	体	情态	
+	+	+	Steele（1978），Ramat（1987）
+	+	×	Conrad（1988），Bußmann（1990）
+		+	Akmajian et al（1979），Steele et al（1981），Langacker（1991）
	+	+	Pullum 、Wilson（1977），Crystal（1980）

a. 助动词，比如：英语中的 *be*，*will*……；

b. 非助动词的动词（non-auxiliary verbs），比如：实义动词"想"；

c. 情态助动词（modal auxiliary verbs），比如："要""会""能""可"等；

d. 非情态的助动词（non-modal auxiliary verbs），比如：英语中的 *be*，*have*；

a、c、d 都属于助动词范畴，b 就是主要动词（full verbs），而助动词又分为有带有情态义的和不带情态意义的，我们这里主要分析的是带有情态义的助动词。

我们发现，在研究主观性和主观化理论时，多用的是"情态"这一概念，这与情态的定义有很大的关系，情态就是关于说话者的主观态度的而非命题本身的；而在研究语法化或句法方面则多用"助动词"这一概念，因为"助动词"涉及的多是其在句中的地位以及和主要动词的关系等。

鉴于本书主要是讨论主观性和主观化理论，所以首选的术语是"情态"，但是也常常涉及一些句法因素，因而在本书我们选定叫作"情态助动词"。

2.2.2 情态助动词的实例

我们根据几本常用的语法权威著作和对情态助动词的专著来统计情态助动词的具体实例。依据的书籍有《现代汉语语法讲话》（丁声树，1953），《论助动词》（刘坚，1960），《语法讲义》（朱德熙，1961），《现代汉语八百词》（吕叔湘，1980），《关于衡词的考察》（陈光磊，1980），《现代汉语》（胡裕树，1981），《现代汉语句型》（李临定，1986），《中国语历史文法》（太田辰夫，1987），《现代汉语》（黄伯荣，廖序东，1991），《语言学纲要》（叶蜚声，徐通锵，1997）。归纳和总结这几本书中的情态助动词的用例如下：

能、能够、会、可以、可、不妨、够、不至于、想、配、要、打算、准备、预备、希望、妄图、妄想、企图、决定、将要、会要、恨不得、巴不得、愿意、愿、情意、乐意、喜欢、爱、高兴、乐得、懒得、讨厌、舍得、舍不得、甘心、甘于、肯、不屑、敢、敢于、应该、应当、应、该、宜、须、最好、须要、须得、必得、得、务必、一定、必定、必须、不用、用得着、用不着、犯得着、犯不着、不得不、不能不、不可不、需要、不免、不由得、可能、见得、不见得、来得及、来不及、忍得住、忍不住、免不了、忍、不便、别、甭、值得、好意思、得以、准、许、准许、允许、许可、怕、恐怕、容易、难、难于、或许、乐于、勇于、苦于、便于、易于、善于、适于、宜于、有助于、放心、开始、继续、试图、肯定、断然、断乎、配、忍心、放心、一准、未免、感觉、幸亏、决计、决意、显得、加以、得以、行、不行、好、好在、可惜、适宜。

我们进一步总结出常用的情态助动词如下：

可以、可、能够、能、会、配、要、想、希望、企图、愿意、愿、情愿、乐意、高兴、乐得、懒得、甘于、肯、敢、敢于、应该、应当、应、该、须得、必得、得、犯得着、犯不着、可能、来得及、免不了、值得、好意思、得以、准、许、准许、允许、许可、容许、容易、难于、乐于、勇于、有助于、苦于、便于、宜于、善于、宜、好、适于、想要、要想、忍心、一定、不见得、甘愿、宁愿、宁可、总得、允准、免不得、须要、足以、甘心、希图、怪不得、恨不得。

可见，情态助动词是一个封闭的词类，它的数量一般都是固定的。有单音节的，有双音节的，还有一些固定的词组或表达。

最核心的情态助动词主要表示的是可能义和必要义；其次还有一些就是介于两者之间的意义，或者是与能力义有关的，或者是与必要性有关的一些词组。我们认为情态词是有典型和非典型之分的。因而，典型的情态助动词是我们研究的重点，认识情态是典型的情态范畴。详细解释见本书第五章。

2.2.3　情态助动词的语法特点

首先我们来分析情态助动词和动词的关系，关于这个问题有三种看法：

第一种：助动词与主要动词 VP 是一个从属的关系，助动词依赖于主要动词；主要动词是动词词组的核心，而助动词是修饰语（modifiers）。

第二种：助动词和主要动词在句法层面上是一个并列关系的连接成分，它们并不从属于主要动词。这样说的依据就是在英语中，助动词 *may*，*must*，*will*，*shall*，*can* 等后面从来不接动词不定式结构。

第三种：主要动词依赖于助动词，助动词才是中心语，主要动词被助动词控制和影响，这与第一种观点刚好相反。

我们再来看看汉语中情态助动词有哪些句法语义特点：

一，情态助动词是一个封闭的词类。

二，它们不是句中的主要谓语动词。

三，在对话中，它们可以独立于动词而单独出现来回答问题，例如：

（2）a. 你明天能来会场吗？

　　　b. 能！

四，跟动词相比，动词可以被名词化，但是情态助动词不能被名词化，例如："学生们的研究"，"研究"是动词，放在这里是名词化了；而一般不说"他的能""他的可以"。

五，它们在句中出现的顺序是固定的位置，在主要谓语动词之前。

六，跟普通动词相比，它们不能带"着""了""过"这样的体标记，例如：

（3）a. * 他能了画画。

　　b. 他能画画了。

七，跟普通动词相比，它们不能重叠，例如：

（4）能能 / 可可 / 该该

八，跟普通动词相比，它们不能被动化，例如：

（5）a. * 他被会画画了。

　　b. * 他被人能走路了。

九，它们在被动句和把字句中，只能放在"被"和"把"所带的介词短语之前，例如：

（6）a. 他能把一筐苹果举起来。

　　b. * 他把一筐苹果能举起来。

（7）a. 他能被这个很普通的故事感动得热泪盈眶。

　　b. * 他被这个很普通的故事能感动得热泪盈眶。

十，跟动词相比，情态助动词后面更多带的是谓词性的宾语而不是体词性的宾语。而动词则大多带的是体词性宾语。但是对于一些动词的次类，比如心理动词来说，也常常带有动词性宾语。关于这一点我们在第 6 章还会谈及。

十一，含有情态助动词的正反问句中，情态助动词可以充当 A-not-A 成分，甚至情态助动词可以优先于动词成为 A-not-A 成分，如下所示：

（8）a. 他到底说不说法语？

　　b. 他到底会不会说法语？

　　c. * 他到底会说不说法语？

对于"是不是"问句来说，则是可以容许各种情态词的用法，而对于普通的 V 不 V 的正反问句来说，则只能允许道义情态和动力情态，例如：

（9）a. 他是不是应该会去香港？

　　b. 他是不是应该去香港？

    c. 他是不是肯去香港?

（10）a. * 他应不应该会去香港?

    b. 他应不应该去香港?

    c. 他肯不肯去香港?

2.3　情态的主观性和客观性

在 Traugott（1989）研究的主观性和主观化的理论中，是否涉及说话者自我是区别主客观的标准。在 Langacker 的术语中，虽然主观性也的确是和客观性相对的，但是客观性并不意味着没有涉及说话者，主客观的区别在于说话者在结构或形式当中是显性的（explicitly）还是隐性的（implicitly）。例如:

（11）a. The man <u>next to me</u> is James.

    b. <u>This man</u> is James.

a 句中，说话者显性地提及到自我，使用的是第一人称代词; b 句中，"临近说话者"的这个意义是通过指示代词 *this* 来表达的，而并没有直接提及说话者自我。指示代词 *this* 就是 Langacker 所谓的主观项（subjective item）。a 句话中画线的部分则是客观项（objective item）。主客观的区分不是是否涉及了说话者，而是说话者以怎样的方式显现在话语形式上中。

但是，两位学者观点的共同之处在于都认为主观性是一个渐变的现象。在 Traugott 的理论中，她使用了 *increasingly* 这个词; 而 Langacker 则使用了 *extreme subjectificaiton*，可见两人都认为主观性是一个逐渐变化的过程。关于这一点我们在第 5 章中还要细致探讨。

有很多西方学者探讨过情态的主观性和客观性与情态的三分法的关系，我们列出比较有影响的（表 3）:

表3 三类情态和主观性的关系（以往研究）

韩礼德（1970）	主观的＝人际的（interpersonal）＝{ 认识情态、道义情态 } 客观的＝概念的（ideatioanl）＝{ 动力情态、道义情态 }
Foley	主观的＝边缘（periphery）＝{ 认识情态 }
Van Vanlin（1984）	客观的＝核心（core）＝{ 动力情态、道义情态 }
Hengeveld（1987、 1988、1989）	主观的＝人际的 ={ 认识情态 } 客观的（＋内在的）＝人际的={ 认识情态、道义情态、动力情态 }

根据汉语的事实以及共时和历时的结合，我们采用 Verstraete（2001）的观点：认识情态是具有主观性的，而动力情态是客观性的，道义情态则是主观性和客观性两者兼备的。如表4所示。

表4 汉语的三类情态和主客观性的关系

情态的类型	主观的	客观的
认识情态	＋	
道义情态	＋	＋
动力情态		＋

这里我们需要解释的有三点：

为什么道义情态既有客观性又有主观性？首先，必须分清祈使（imperative）和陈述（indicative）的区别。祈使是人际性的，而陈述是非人际的。在分析道义情态的时候必须注意如下两点。

一，"道义来源"的隐性或显性。所谓道义来源，指的是发出某种命令或祈使的源头。有的话语中明确交代了道义来源，有的则没有。例如：

（12）（老师说）你必须 / 应该好好学习。

（13）当你必须要抽烟的话，请注意一下几点。（西南资讯网，2013 年 8 月）

（14）当你必须大吼大叫时，你微笑一下，会有意想不到的收获。（光明网·新闻报道，2013 年 4 月）

例（12）的道义来源是"老师"，是"老师"命令听话人"好好学习"，但是例（13）、

（14）中则找不到道义的来源，因为并没有一个主体去命令主语做某事，而是主语自身内部的某种需要。这样的情况就接近与动力情态了，因而动力情态表示的是主语内部的某种能力或需求，这就是一种道义动力情态（deontic-dynamic modality）。

二，"道义来源"是否为说话者。例如：

（15）初级中等教育应该面对全体少年，而不是其中的某一不部分人。（丁锦宏《教育学讲义》）

（16）家长应该培养幼儿准确认识自己的情绪并能自觉调控自己的情绪。（杨诚《培养孩子的自我管理能力》）

例（15）、（16）并没有交代道义来源是否为说话者，并不像言语施事行为那样是"我希望""我想要"，而是直接报道客体的某种道义。因而这里的道义来源并不是说话者，而是主语本身。当有明确的说话者的道义来源的时候，我们才认为这个道义情态是主观性的。

综上，我们可以看表5所示的道义情态的相关特点的分析：

表5　道义情态的相关特点

没有道义来源	有道义来源	
道义－动力情态	道义来源＝说话人	道义来源≠说话人
客观性	主观性	客观性

2.4　情态的主观性和非现实性

非现实性（irrealis）是一个语法范畴也是一个语法特征。最初起到非现实性的是1917年Sapir对派尤特语的描写中提到的，他认为该语言中有非现实性的情态词缀，指的是由动词表达的某个活动是非现实性的，比如要么是潜在的，要么是与事实相反的。接着，很多学者使用过不同的术语来对现实性和非现实性这种语法范畴进行过描写，比如factive & non-factive，actual & potential等。虽然使用的术语不一样，但是所表达共同的语义：确定一个事件的状态是建立在对现实感知的基础上的语义角色，这就是现实性的；而只作为一个认知的想法、思想或假设的概念存在的语义角色，这就是非现实性。简单点说，现实性指的是某种真实发生过或正在发生的情景；非现实性指的是假设的情景，包括对一些推理性的、预测性的、将来时的概念等（Comrie，1985：45）。现实性和非现实性并不是一个人类语言所共同的普遍的语法范畴，尽管如此，这对概念仍然是在基本的语言学理论中的语法范畴。就像"时制"一样，并不是所有语言都有的，但是确有举足轻重的地位的语法范畴。现实性通常是无标记的，而非现实性通常是有标记的。汉语中区分"非现实性"和"现实性"的标记并不显赫。我们在这里提到非现实性，只是把它当作情态的一个属性来考察。情态表达是非现实语法范畴的句法实现的一个重要手段，尤其是认识情态。

Joan B Hooper（1975）将谓语分成事实性的（factive）和非事实性的（non-factive），事实性和非事实性的又都分为断言性（assertive）和非断言性（non-assertive）；而非事实性的断言性又可以分为强断言性的（strong assertive）和弱断言性的（weak assertive）。认识情态表达的都是断言性质的，不是说话人的陈述或报道，而是带有说话人自己的主观态度的印记。情态表达的信息是被说话人假定为有事实性的或通常被置于某个话语语境中才具有事实性的，因而，不管这个句子在句表成分上多么肯定，如使用一些确定性的情态副词，例如"肯定、一定、绝对"等，终究反映的是说话人主观上对事实确信程度的高低而已。

我们将非现实的表达手段列举如下：

a. 是非问：你把车修好了吗？

b. 否定句：我没有修好车。

c. 将来时：我正准备去修车。

d. 必要义：我必须修理那辆车。

e. 可能义：我可能会去修理那辆车。

f. 义务义：你应该去修车。

g. 祈使义：快去修车！

h. 禁止义：不要去修车！

i. 假设条件句：如果你去修车，那我就不去了。

j. 让步条件句：即使你去修车，我也不去。

k. 惯常态：他每天都会去修车。他每天都要去修车。

关于情态和非现实性的关系，我们还要在第 7 章情态对其他语法范畴的影响中讨论。这九种表达方式中，有必要义、可能义和义务义都涉及了情态助动词，而其中的禁止义也是常常使用情态助动词。可见，情态是非现实性表达的一个重要手段。

祈使义和禁止义（即否定的祈使）不论共时平面还是历时平面都与情态有很大的关系，我们在 7.3 祈使句中的情态一节中将会继续探讨。

情态词和让步、假设复句都属于非现实性，正因为如此情态标记也常常也可以转换成让步、假设的标记；情态助动词"要"发展出了表假设的用法，这一点我们在 4.5 节和 7.1 节都会涉及；而让步句和情态的关系的讨论则安排在 4.2 这一节。

2.5　情态的主观性和传信性

2.5.1　传信和认识情态

跨语言研究表明很多语言中都有话语信息的来源或确信度的标记。人们在使用语言的过程中总是要自觉或不自觉地交代自己所说话语的来源，以此表明话语的可靠性。说话人对话语来源或可靠性的评估通常需要一定的语法标记来反映，这就语言的传信（evidentials）。传信在传统语言学中被定义成一个功能范畴。传信分为直接传信和间接传信，直接传信指的是说话者亲眼证实了命题中的事件或行为状态；而间接性的传信刚好相反，指的是说话者并没有亲眼看到，是推理出来的或者从第三方那里得到的消息。推理出来的消息我们通常称为推论（inferential），而通过第三方传达的信息，我们可以进一步分为听说、报道和引用。影响传信的因素或传信的研究范围包括：知晓的模式（mode of knowing）和信息的来源（source of information）。知晓的模式分为：知觉的（sensorial）、视觉的、推理的和听说的；而信息的来源则分为两大类，要么来源于说话者，要么来源于其他证据。Chafe（1986：282）将传信语义分成两种类型，一种是广义上的，一种是狭义上的。狭义上的传信的语义指的是信息的来源，广义上的传信则还包括了说话者对命题的态度。

很多文献中的传信和认识情态并没有明确的界限，它们可以有三种关系，分离（概念上区分开来）；包含（一方包含另一方）；交叠（部分交叉）。第一个关系中的传信主要限定于说话者的信息来源的认同性，例如 De Haan（1999：85）使用了 *evaluate* 和 *assert* 来区分认识情态和传信，认识情态是一种评价，而传信是一种断言。而说一方包含另一方则是扩大了传信范畴（Chafe，1986），认为传信包括了信息来源和对真实性的估计。有的学者认为传信是一个上位概念（Matlock，1989）；有的学者认为认识情态是一个上位概念（Palmer，2001）。而认为两者是部分交叉的则是Van der Auwera 和 Plungian（1998），他们认为推理性的传信和认识必要性是交叠的。

我们主要介绍一下 Palmer 与 Van der Auwera 和 Plungian 的观点。

Palmer（2001）对认识情态和传信的分类如下所示：

传信度的主观到客观的差异是一个连续统，从越来越依赖于说话者的主观性判断到越来越依赖于外在的事实。

传信和主观性有着密切的联系。当信息的来源不是说话者亲眼目睹或亲身经历的时候，而是说话者的某种推测时候，就常常使用认识情态，表达说话者的主观性。因而，认识情态也常常与一些表达说话者推理的话语成分连用，例如：

（17）<u>看样子</u>他应该回家了吧。

这里的画线部分都是传信标记的一种，表明说话人说出的命题的根据是自己所见而得出的推断，是从视觉到心理认知上的传信。

根据信息的确信度，我们可以把认识情态分为：

高确信：必要义

必、必须、肯定、绝对、一定、当然、必然等。

中确信：推测义

应该 epistemic、该 epistemic、会 epistemic、要 epistemic 等。

低确信：可能义

可能、也许、大概、或许等。

这就是根据传信可信度的高低将认识情态分为高确性、中确信和低确信度。这里的情态词有情态动词和情态副词。这里的中确信义的"应该""该""会""要"都是其认识情态的用法，而不是根情态意义。

其中，认识情态和传信性的联系最为密切，体现在以下几个方面：

①都是断言性的；

②都是说话人的评估；

③都是说话人做出的预测；

④都具有主观性。

主观性的表达涉及了说话者的主观推测和判断，认识情态的表示是一种述行成分（performative），而不是纯粹的描述。

Van der Auwera 和 Plungian（1998：85-86）认为传信和认识情态的关系是有一部分交叠的，交叠的部分就是认识必要义和推测传信义，如图 5 所示。

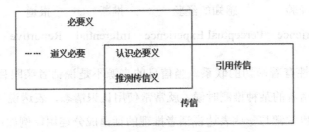

图 5　传信范畴和认识情态

这里可以以英语中的 *must* 为例。*must* 在情态中可以表示一种必要义，还能表示说话人一种肯定性的推测，这种推测也是一种传信。汉语中的"应该"也有类似的表达，既可以表达情态必要义，也可以表达推测传信义。但是，*must* 是一种强义务义，而"应该"的义务义较弱，因而在表达传信的时候，*must* 表达的是说话人一种很确定的推测，而"应该"的确定性不及它强。

2.5.2　传信和情态助动词的共现

专门表达传信的词汇主要有听说类动词（hearsay verbs）、像义词（seem verbs）、中动词等，就是我们上文所说的半助动词（semi-auxiliary）。根据传信范畴中信息的来源，汉语中这类词主要有以下三种。

①听说类：说、听说、说是、据说、据悉、据说、传说、据闻、据称、听起来……

②感觉类像义词：似乎、好像、仿佛、貌似……

③视觉类：显得、显然、看来、看起来、看似……

这类词常常是情态助动词共现。我们选择了"据说""听说""看来""看样子""似乎"五个词为代表，研究它们与情态共现的规律。

首先按照传信方式的不同分为两种，一种是报告类的，另一种感官类的，感官类的包括视觉和感觉类的。

我们首先来看报告类的传信词和情态表达的共现规律：

（18）即使后面出来了个<u>据说应该</u>是美丽温柔又贤惠的祝无双，我仍然觉得，比起祝无双来，她才真正……（李亚平《我看武林外传》）

（19）莎士比亚写了36个剧本，前些年<u>据说</u>又发现了一个，<u>应该</u>是莎士比亚写的。（中国网，新闻报道，2003年9月）

（20）后来长毛果然进门来了，那老妈子便叫他们"大王"，——<u>据说</u>对长毛就<u>应该</u>这样叫。（鲁迅《阿长和山海经》）

前两个例句是"据说"与认识情态共现，后一个是"据说"与道义情态共现。根据我们的统计，报告类传信词既可以与道义情态共现，也可以与认识情态共现，但是与认识情态共现的频率要高。我们统计了CCL语料库中"据说"与"应该"共现的句子，"据说"与认识情态的"应该"共现占总数的85.7%。

相比较传信词"听说"来看，"听说"很少与认识情态的"应该"共现，我们在CCL语料库中尚未发现。从这里可以看出，"听说"比"据说"的传信度要高，因而表达的确定性也要高，因而与认识情态共现的频率就低。下面的几个例句都是"听说"与道义情态的"应该"共现的：

（21）至少就我所<u>听说</u>的，他们都<u>应该</u>很聪明。（华夏文摘，2008，《我所知道的印度人》）

（22）在 1994 年春，我一次次<u>听说</u>中国人<u>应该</u>让出西藏——说这话的西方人，从来没有想到他们<u>应该</u>把美国还给印第安人。（韩少功《世界》）

我们再来分析感官类的传信词和情态表达共现的规律：

根据我们的语料调查，"看样子"只与表达认识情态的"应该"共现，可见"看样子"的传信度比较低，主要表达说话人对事实不太确定的态度。而"看来"则是既可以与道义情态共现，也可以与认识情态共现，但是与道义情态共现明显要高出与认识情态的共现。我们统计了"看来"与"应该"共现的例句，"看来"与道义情态共现的占到了 89.7%。例如：

（23）<u>看来</u>，企业家们<u>应该</u>首先对破产有心理承受能力。（新华网，2009 年 5 月 3 日）

（24）我们在前人的基础上，要有所创造、有所前进才对得起我们的后人。<u>看来</u>，我们<u>应该</u>在"书同文"的基础上，进而走向"语同音"。（任继愈《从"书同文"到"语同音"》）

再来分析像义词"似乎"的传信和情态词共现。根据我们对 CCL 语料库统计"似乎"和"应该"共现的句子，发现"似乎"后面的"应该"大多数是道义情态的用法，表示义务义，但是"似乎"明显削弱了这种道义情态的强制性，表示说话人一种缓和的语气。

那么综上所述，我们对这几个词的传信度高低来排序，如下：

据说 > 听说 > 看来 > 似乎 > 看样子

可见，我们可以根据情态词来判断传信度的高低，这也是情态和传信互相作用的表现。

2.6　情态的语义性质

① Sweetser（1990）是将情态看作是多义性的，分为三个域分别是：内容域、心理域和言语行为域。

② Papafragou（2000）将情态看作是单义性的理论则是描述了一个语义的框架，

将语用内容看作是语义的进一步发展。

③ Coates（1983：14）指出了英语的情态助词的三种不确定性的类型，分别是：连续性（gradience）、模糊性（ambiguity）、融合性（merger）。

我们采用第一种观点，情态具有多义性。这种多义性的产生是由于历时发生中几种意义的交替或者在共时平面几种意义的并存。因而，很多含有同一个情态词的句子，根据上下文语境的不同，读者可以诠释出不同的意义。我们可以看出，对于情态的不同分类就导致了情态词的语义诠释属于不同的类别。根据情态的三分法（动力情态、道义情态、认识情态）来看，英语中的情态词 can 就既可以是动力情态的能力义，也可以是道义情态的允许性，还可以是认识情态的可能性（Perkin，1983：30）。

我们选取《现代汉语八百词》中，常用的几个助动词来分析情态的多义性，从而找到影响多义性解析的限制性条件，从非认识情态到认识情态所依赖的语言环境是什么。下面未标注的实例均来自《现代汉语八百词》。

1．"该"

一，表示理应如此，应该，例如：

（25）该三天办完的事，他两天就办完。

二，表示估计情况应该如此，例如：

（26）他要是知道了，又该批评我了。

"该"的情态用法有如下两种：

①"该"有道义情态的用法，表示事理上的"应该"，是一种义务义。

②认识情态的用法，表示说话人的估计，是一种比较确定性的推测。其否定形式表达的是一种肯定的推测，诸如：该不会、该不是。

2．"会"

一，懂得怎样做或有能力做某事，例如：

（27）他不但会作词，也会谱曲。

二，善于做某事，例如：

（28）他很会演戏。

三，有可能，多表示将来的可能性，也可以表示现在和过去，例如：

（29）不久你就会听到确切消息的。

"会"的情态用法有如下五种：

①"会"有动力情态的用法，表示能力义。表示主语内在的心智能力和身体能力，比如上述义项一。

②"会"认识情态的用法表示说话者对未然事件一种主观推测，是一种确定性的推测，例如：

（30）革命终将会胜利的。

③"会"还有动力情态的根可能意义，表示主语有做某事的可能，但不是说话人的主观推测，例如：

（31）我会让他自食其果的。

（32）我不会就这么善罢甘休的。

④将来时标记[1]：由认识情态发展而来，义项三。

⑤习惯体标记：表示一种惯常的行为或某种习惯，例如：

（33）我们说男左女右。因此所有的饰品，男人都会戴在左手上，而女人则戴在右手。

（34）他可能不一定同意或者理解我所说的每件事情，但是他都会尽力去做。

3．"要"

一，表示做某事的意志，例如：

（35）他要学游泳。

二，表示须要，应该，例如：

---

[1] 我们这里把"会"和"要"的情态和体标记区分成不同的义项来描述。

（36）说话、写文章都要简明扼要。

三，表示可能，例如：

（37）不顾实际一味蛮干要失败的。

四，将要，例如：

（38）麦子眼看就要割完了。

五，表示估计，用于比较句，例如：

（39）他要比我走得快些。

"要"的情态用法有如下五种：

①"要"可以表示一种道义情态的意愿义，常常和心理动词"想"等连用，表达说话者的一种心理活动，义项一。

②道义情态的义务义，表示应该做某事，义项二。

③认识情态的用法，表示说话者的主观推测，义项三。

④将来时标记：正是由于意愿义常常表示的是对未来尚未发生的某事的期待，因而"要"还可以用作将来时标记，主语是一个非生命的事物，义项四。

⑤习惯体标记：这个习惯体的可能义不是认识情态，而是一种习惯体意义，表示在某种条件下会发生某事，也是一种将来时，但是与一般将来时标记不同的是，这里的"要"表达的是反复发生的动作。例如：

（40）只要门一响，有个顾客进来，她都要吃惊地抬头一望，希望进来的就是瑞德。（翻译作品，傅东华《飘》）

4．"应／应该／应当"

一，表示情理上必须如此，例如：

（41）应该清醒地看到，我们的任务还是相当艰巨的。

二，表示估计情况必然会如此，例如：

（42）他昨天动身的，估计今天应该已经到了。

"应 / 应该 / 应当"的情态用法有如下两种：
① "应 / 应该 / 应当"表示道义情态的义务义，如义项一。
②认识情态的可能义，表示一种不太确定的推测，如义项二。

5．"敢"

一，表示有勇气做某事，例如：

（43）过去连想都不敢想的事，现在变成了现实。

二，表示有把握作某种判断，例如：

（44）我敢说他一定乐于接受这个任务。

"敢"的情态用法有如下两种：
①动力情态，更接近于一个心理动词，义项一。
②认识情态，表示确定性的推测，常常和言说义动词连用构成话语标记时才有此功能，义项二。

6．"可以"

一，表示可能，例如：

（45）这件屋子可以住四个人。

二，表示有某种用途，例如：

（46）棉花可以织布，棉籽还可以榨油。

三，表示许可，例如：

（47）你们先到车间去参观也可以。

四，表示值得，例如：

（48）美术展览倒可以看看。

"可以"的情态用法有如下三种：
①动力情态的能力义。这种能力义表达的是主语自身具有的能力,例如义项一、二。

②道义情态的允许义。"可以"的允许义是一种条件允许，主要指的是外在的某种力量的允许，义项三。

③道义情态的建议义。"可以"的"值得"的义项，在道义情态中其实是一种说话者的建议，是一种弱允许义，义项四。

7．"能"

一，表示有能力或条件做某事，例如：

（49）我们今天能做的事，有许多是过去做不到的。

二，表示善于做某事，例如：

（50）我们三个人里，数他最能写。

三，表示有某种用途，例如：

（51）芹菜叶子也能吃。

四，表示有可能，例如：

（52）这件事他能不知道吗？

五，表示情理上许可，例如：

（53）我可以告诉你这道题该怎么做，可是不能告诉你答案。

六，表示环境上许可，例如：

（54）公园里的花儿怎么能随便摘呢？

"能"的情态用法有如下四种：

①动力情态的用法，表示主语的心智能力和物理能力，诸如上述义项一、二、三。

②道义情态的允许义，诸如上述义项五、六。

③动力情态的根可能，这种"能"主要用在两种语境中，一种反问句中，表示一种反诘语气，例如义项四；还有一种是否定句中，用"不会"来表示，例如：

（55）我不会让这样的人逍遥法外的。

④还可以表示认识情态，这种"能"主要用于数量词之前，和"有"连用，比如：

（56）调水调沙开始后，水量迅速增大，游客也随之增多，平均每天能有三四千人。（新华网，新闻稿，2004 年 6 月）

（57）以前是大队从公款中拿钱放电影看，一年能有两三场。（《人民日报》，1996 年 3 月）

（58）这个人看上去能有两米多高吧！

这里的"能"用于认识情态的时候常常与"有"共现，后面接一个表约数的数量成分，如上画线部分。关于这个"能"的意义我们在第 3 章还将继续探讨。

综上所述，我们把这几个情态助动词的义项用情态三分法来归纳的话，如表 6 所示。

表 6　情态的分类和语义类型

	动力情态	道义情态	认识情态
	－主观性＋客观性	＋主观性＋客观性	＋主观性－客观性
该	－	义务义	推测可能义
会	能力义 根可能	－	推测可能义
能	能力义 根可能	允许义	推测可能义
应该	－	义务义	推测可能义
可以	能力义	允许义	－
要	－	意愿义 义务义	推测可能义

我们这里需要说明的两点是：

①我们把意愿义（volition）归入了道义情态的范畴而不是动力情态的范畴。Palmer（1996、2001）是将意愿义归入了动力情态中 [彭利贞（2001）采用了此观点]。但是我们更倾向于 Narrog（2005、2010b）的观点，即认为广义的意愿义包括了意志、意愿和允许，而且动力情态是客观性的，而意愿义更倾向于主观性的情态，所以我们将其归入了道义情态。

②"可能义"两种不同的解读。一种是动力情态的可能义，就是根可能（root possibility），是一种客观的可能性，指的是主语有完成某件事的可能性，这种可能

性不是说话者的主观推测，但是也没有现实发生，但是确实客观存在的；还有一种是认识情态的可能义，这个就是表示说话人的主观推测。"根可能"的特点就是：非现实性、客观性、主语指向。"认识可能"的特点是：非现实性、主观性、说话人指向。

这些情态助动词虽然是多义性的，但是多义性情态的每个义项的使用频率是不一样的，我们对多义性情态出现的频率做出如表7的统计。

表7　多义性情态各个义项的使用频率

情态动词 / 意义	频率统计
能	抽样总量：500
动力情态用法	82.7%
道义情态用法	8.9%
认识情态用法	3.9%
会	抽样总量：500
动力情态用法	10.4%
将来时标记用法	26.2%
习惯体标记用法	35.7%
认识情态用法	27.7%
应该	抽样总量：300
道义情态	78.5%
认识情态	22.5%
可以	抽样总量：300
动力情态	31.8%
道义情态	69.2%
要	抽样总量：700
道义情态（意愿义）	29.3%

续表 7

情态动词 / 意义	频率统计
道义情态（义务义）	9.1%
将来时标记	39.7%
习惯体标记	8.4%
认识情态	13.5%

通过表 7 我们可以看出，虽然很多情态助动词是多义性的，但是大多有一个核心义项，就是使用频率最高的那个。而情态助动词的义项越多，分布得越平均，说明其功能扩展得越多，总的使用频率也越高。使用频率最高的情态助动词"要"发展出来的义项也最多。

2.7　本章小结

本章主要讨论了情态的主观性、非现实性和传信性。我们总结情态的主观性有如下几个特点：

①大多数的情态都具有主观性；主观性是一些情态的内在属性。情态的主观性使得情态具有了非现实性和传信性。

②可能义和必要义是认识情态的核心语义。情态的主观性也有程度之分，依据 Langacker 的观点则是概念者角色的隐现，概念者角色隐现得越多，主观性就越强。如下：

显性（explicit）	隐性（implicit）	不透明（opaque）
I think...	*That may...*	*It seems...*

而认识情态的语义本身的主观性也不同，从确定性到不确定性再到可能性。

③主观性可以作为传信维度。传信和认识情态并没有明确的界限，它们可以有三种关系：分离（概念上区分开）；包含（一方包含另一方，传信包含认识情态或

认识情态包含了传信）；交叠（部分交叉）。

④情态有多义和单义之分，汉语中大多数情态都是多义性的。但是每个义项的使用频率和使用语境都各相迥异。每个义项之间存在着历时演变的关系，这一点我们将在第 3 章情态的主观化中展开叙述。

第 3 章　情态助动词的主观化发展规律

3.1　情态主观化概论

首先，我们来概括一下研究情态的历时演变的几位代表学者的论述：

① Traugott（1989）提出的跨语言的语义演变的三个规律。她认为主观化其实就是一个语义—语用的演变过程，是一个语用强化（pragmatic strengthening）的过程。

② Sweester（1990）提出的一个不可逆的从社会—物理的力量（socio-physical force）到推理性（reasoning）的一个隐喻性隐射。也是指从根情态到认识情态的隐喻隐射。

③ Bybee 等（1994）对情态进行了类型学的分类，描述了情态的发展路线。

④ Van der Auwera 和 Plungian（1988）用语义地图（semantic map）的理论解释了情态的发展。

下面我们来简要地论述上述四家的观点。

Traugott（1989）[1] 提出了语义演变的趋势：

趋势一：建立在外部情景基础上的意义 > 建立在内部情景基础上的意义。

趋势二：建立在外部或内部场景的意义 > 建立在文本上的或元语言（metalinguistic）情景上的意义。

趋势三：意义倾向于变得越来越依赖于说话者对命题的主观信念或态度。

---

[1]　Elizabeth Closs Traugott. On the rise of epistemic meanings in English: An example of subjectification in semantic change. Language, Vol.65, No.1, pp.31-35.

她建立了一个情态发展趋势的轮廓：首先动力、道义、认识，这三种情态都来源于主要动词，很多意义比较实在而且获得了内在的评价意义（趋势一）；然后它们获得了道义情态的意义，这是一种元语言的和类似言语行为的意义（趋势二）；最后它们获得了认识的意义，主要集中在说话者内部世界的信念和知识（趋势三）。

Sweester（1990）认为，语义演变不仅仅是词汇项，比如"看见义"动词到"听见义"动词的演变；语义演变还是语法项的隐喻扩展（metaphorical extensions），这种扩展是从社会物理性的世界到推理信念的抽象世界，这其中最典型的例子就是助动词由根情态向认识情态的隐喻。

Traugott（1989）所认为的认识意义源于语用强化并不是要否定隐喻的力量，因为隐喻同样增加了信息强度，所不同只是两者的角度：隐喻的过程是从一个意义域到另一个意义域，是言者增加抽象概念的信息；而语用加强是言者试图调节同听者的交流。也就是说，隐喻过程主要指的是认知范畴方面的某些问题；而语用强化则多指听者和说者的互动。

Bybee 等（1985）提出了动力情态到认识情态的发展路线：

能力义（ability）⟶ 根情态的可能义（root possibility）⟶ 认识情态的可能义（epistemic possibility）

　　　　　　　　　　　↘ 允许义（permission）

综上所述，情态动词的演变历程遵循以下几个路线：

①实义动词 > 助动词 > 词缀或标记；

②根情态 > 认识情态；

③动力情态 > 道义情态 > 认识情态；

④建立在外部情态基础上的意义 > 建立在内部情景基础上的意义；

⑤内容 > 推理；

⑥命题意义 > 言谈意义；

⑦弱主观性 > 强主观性。

李明（2001）从语义演变的角度描写了汉语助动词的历时演变过程：春秋战国时期的助动词有 9 个，包括"克（在战国时期便消失了）、能、得、可、宜、当、获、足、欲"；两汉时期的助动词有 12 个，包括"能、得、足、足以、可、可以、当、应、欲、肯、宜、须"；魏晋南北朝时期有 25 个助动词，分别是"能、得、足、足以、任、办、容、肯、中、好、堪、可、叵、可以、须、要、宜、合、欲、欲得、烦、当、应、劳、用"；唐五代时期的助动词有 31 个，包括"能、解、得、足、足以、肯、敢、堪、中、好、容、可、可以、叵、宜、当、应、合、须、须得、要、烦、劳、用、假、消"；宋代的助动词有 35 个，包括"能、得、足、足以、解、会、好、堪、容、可、可以、合、应、当、宜、要、要得、消、消得、须、须得、得（děi）、用、着、索"；元明时期的助动词有 36 个，包括"能、能够、得、足、足以、会、好、堪、可、可以、许、合、该、应、当、宜、要、消、消得、须、须得、得（děi）、用、索"；清代的助动词共有 23 个，包括"能、能够、得、可、可以、许、准、会、好、该、应该、应当、该当、合该、须、须得、须要、要、用、消、得（děi）、配、值得"。助动词的使用在春秋战国时期就已经很常见，后来产生了越来越多的助动词，助动词形成一个系统，"助动词 +V"的模式基本成型。而到了清代，助动词系统开始简化，现代汉语的助动词系统又有了进一步的简化。

我们从《现代汉语八百词》中为助动词的或有个义项是助动词用法的，包括：该、会、肯、敢、得（děi）、可以、可、应该、应当、能、要。其中，专门做助动词的有：敢、得、应该、应、应当、肯、能、可以。而"该"和"会"的用法中，既有动词义项也有助动词义项，"可"既有助动词的用法也有副词的用法，"要"有动词、助动词和连词的用法。总的来说，汉语情态主观化有以下几个路线：

1．从客观性到主观性发展的助动词

①客观可能向认识可能的发展：能、会、可能、肯、解。
②客观可能向道义许可的发展：可以。
③客观的必要性向认识上的必然性的发展：必、须、必须。

2．主观性内部发展的助动词

①来源于义务义的可能义：应、该、须、得、索。
②来源于许可义的可能义：准、许、容。

3．助动词的句法来源

①主要动词谓语：能、任、该、当、容、须、许、准、获、解、会等。

②形容词谓语：可、好、中、宜、合、应等。

4．助动词的语义来源

助动词的语义来源如表8所示。

表8　汉语情态助动词的语义来源

语义来源	实例（单音节）
适宜、合适	可、好、中、宜、合、应
能够	能、办
担任	任、当、该
许可	容、许、准
充足	足、够、配、值
意愿	欲、肯
知晓、懂得	解、会
凭借	假、用
获得	获、得
承诺	保

5．助动词形成后的继续发展

①词缀："可×"（可爱、可叹、可悲、可怜等）。

②时体标记："要"、"会"等将来时标记或习惯体标记。

③连词："要"、"必"、"当"等假设连词。

④副词："可能"、"或许"、"肯定"、"一定"等情态副词。

3.2 义务义情态的主观化

3.2.1 义务义的强弱

汉语中，表示义务义的有"应该""必须""该""得"这四个情态词。义务义情态有强弱之分，强义务义有"必须"，较强的义务义"应该"，较弱的义务义"该"和"得"。汉语中的强义务义是由情态副词来表达的。较强义务义"应该"内部也存在义务义的强弱渐变量。"应该"内部维度中，其较强义务义表示的是一种道义上和责任上要求主语完成或实现某件事，其弱义务义指的是说话者给主语的一种建议。义务义越弱，"应该"的用法越接近于表示可能性。"可能性"随着客观条件的消失而变得越来越具有主观性，由此完全变成了一个认识情态的可能性的用法。情态副词"必须"只有强义务义的用法，因而"必须"没有表示可能性的用法。"该"和"得"的义务义都不强，所以"该"和"得"都能既表示义务义也表示一种可能性。根据 Bybee 等（1994）用语言类型学的方法对情态动词做出的统计，如表 9 所示。

表 9　义务义的连续性

源意义	新意义	语言数量	Bybee et al.（1994）
强义务义	确定义（certainty）	3	pp.195, 203
弱义务义	可能义（probability）	2	pp.195, 203

强义务义更有可能演变成为说话者比较确定的推测，而弱义务义则演化成为说话者不太确定的推测。汉语中，强义务义"必须"在近代汉语中有表示说话人确定性推测的用法；弱义务义"应该"则发展出了可能义的用法。

可见，不论是强义务义"必须"，还是较强的义务义"应该"，都存在着变化，比如"应该"在某种语境在是比较强的义务义，但也能表示一种不太肯定的推断，是认识情态的用法，是后起的。这点我们在下文当中会进一步说明。因而在这里我们说的义务义的强弱，只是指共时平面上道义情态的强弱，不包括后来道义情态向认识情态的演变。如果动态性地考虑，我们会发现，义务义情态都是一个由强变弱的历时性演变。

1. 义务义"必须"

"必须"只有根情态的意义，表示一种强义务义（只能表达义务义而不能表达说话者的主观推测）。在英语中，想当于"必须"的 *must* 表示强义务义，但是却发展出了认识情态的用法，表达说话者很确定自己的论断 [1]。比如：

（1）You must do your homework.

（2）He must be in the office now.

前一个就是强义务义，后一个就是表示肯定的推测的意义。

但是相应的汉语中的"必须"不能表达认识情态的用法，如果要表达说话人很确定自己的论断则需要用另一个情态副词"肯定"。例如：

（3）他现在肯定在办公室。

我们发现，虽然在现代汉语中，"必须"不能用于认识情态的意义来表示说话人对命题的确信，即"必须"没有认识情态的意义，不表示说话人的推断。但是在近代汉语中却出现了例外，一些"必须"发展出了表示推测意义的情态用法。例如：

（4）他若不还时，必须连累足下，主公见罪奈何？（《三国演义》第五十四回）

（5）又不知那六个是甚么人，必须也不是善良君子。（《水浒传》第十八回）

（6）似道富贵已极，渐蓄不臣之志；又恐虏信渐迫，瞒不到头，朝廷必须见责，于是欲行董卓、曹操之事。（《喻世明言》第二十二卷）

近代汉语中，"必须"由强义务义发展出了确定性推测的认识情态。表示说话人一种确定性的推测。可见，近代汉语中的"必须"更加接近于英语中的 *must* 的用法，"必须"表示认识情态是一种确定性的推测，该义项在现代汉语中消失。

2. 较强的义务义"应该"

不同于"必须"，"应该"有两个意义，根情态意义和认识情态意义。根情态的"应该"，表示一种义务义，情理上必须如此；其认识情态则表示说话者主观性的推测。

---

[1]　Coates J. 1980. The semantics of the Modal Auxiliaries. London and Canberra: Croom Helm.

例如：

（7）a. 像王有龄这样，年纪还轻，应该刻苦用功，从正途上去巴结。（高阳《红顶商人胡雪岩》）

b. 咱们欠了人家的情，借套富余的单元给他用用，还不应该吗？（刘心武《钟鼓楼》）

（8）a. 他昨天动身的，今天应该到了。

b. 要公事恐怕办不到，要抚台一句切实的话，应该有的。现在大家同船合命，大人请放心，将来万一出了什么纰漏，我是证人。（高阳《红顶商人胡雪岩》）

在"应该"表示义务义的内部，有一个从较强义务义到较弱义务义再到表示可能性的意义的过程。从强到弱是一个渐变的过程，不是非此即彼的。"应该"的义务义的用法分为两种：较强的义务义指的是一种道德上的责任和强制性，例如：

（9）你只要做好自己应该做的就行了。

（10）秦腔就是民族文化的精神啊，振兴秦腔应该是文艺工作者的责任。（贾平凹《秦腔》）

而较弱的义务义指的是说话者的一种建议，例如：

（11）你来之前应该打个电话给我，这样就不会白跑一趟了。（华晃《安宁河的咏叹》）

"应该"表示可能性的用法不同于其义务义，但是其可能性也分强弱，较强的可能性是在充分的客观条件下的推测，例如：

（12）据专家测量，骨架的长度是 153 厘米，估计此人生前的身高应该在 160 厘米左右。（《光明日报》2004 年 3 月 24 日）

（13）清风街有史以来从没有发生过血案，你想想，即使发生，应该是蛮横不训的三蹇或者是受欺负的武林吧。（贾平凹《秦腔》）

较弱的可能性仅仅是说话人的主观判断，例如：

（14）心想，反正已上过供烧过香了，佛祖又不糊涂，应该是能看明白的。（周

大新《湖光山色》)

（15）我猜他现在这会儿应该在家吧。

（16）他想，应该是没有的。对，没有。他和女孩的母亲之间萌发的纠葛，实在都是缘于女孩的病。（铁凝《血玲珑》)

通过例句（16）可以看出，前一个"应该是没有的"是说话人不太肯定的推断，后面一个"对，没有"才是比较肯定的论述。

从语料的统计上来看，"应该"表示的是一种较强的肯定性推测，一般前文都有明确的推测条件和前提。

3. 较弱义务义"该"和"得"

"该"和"得"作为情态助动词的时候都有两个意义。第一个是义务义，表示理应如此；第二个表示可能性，是一种认识情态。例如：

（17）a."再说，贸然去找他们，合适吗？"田青廉道，"侯门深似海，是该找个好由头。"（柳建伟《英雄时代》)

b. 不管代价多大，我们都得抓住它。（迟子建《额尔古纳河右岸》)

（18）a. 我想狼当时要是把他给吃掉，那该多好啊！（同上）

b. 安在天已经抢先从金鲁生的腰间拔出手枪，"啪"地放在柜台上，厉声喝道："这东西你该认识吧？"（麦家《暗算》)

c. 这么晚才回去，妈妈又得说你了。

d. 了解那个厂子内情的劝他："你到哪里，搞上去也得栽下来，搞不上去也得栽下来。"（张洁《沉重的翅膀》)

第（17）组表示的是"该"和"得"做义务义情态的用法，（18）组表示的是做认识情态的用法，是一种可能的意义。

3.2.2　义务义"该"的主观化过程

义务义情态从表示义务的意义逐步变成表示可能性，就是一种主观化的进程。因为我们认为，其实义务义的情态属于指向施事的情态。义务表示的是外界的或者社会的条件迫使施事完成谓语动词的动作。所以说，义务义是一种来自外界条件的动力。而可能性，分为根情态的可能性和认识情态的可能性。根情态的可能性质的是一般性的条件，扩大成了既可以指外部世界的条件，也可以指内部世界的条件，使得施事完成某种动作。而认识情态的可能性则指的是说话人对于命题的一个确信程度，完全是自己的一个判断和推测。说话人独立与施事者成为第三方。

《说文》："该，军中约也。"本义为军中的约束、要求，又引申有"具备"义，均为实词。"该"的虚词用法是从其实词用法中引申而来的，约产生于东汉以后，可作副词和助动词。《正字通·言部》："该，俗借为该当之称，犹言宜也。凡事应如此曰该。"现代汉语保留了"该"的助动词用法，副词义用法消失。[1] 首先，在唐代只发现少数个别用例，"该"可以表示应该之意，例如：

（19）世上不计尊高，老到头之时，亦该如是。（《敦煌变文集新书》第三卷）

（20）该知是劳费，其奈心爱惜。（唐·白居易《洛下卜居》）

直到元代，才有大量的"该"用作助动词，表示应该，理应如此。这时候还是很强的义务义。

（21）这句话早该豁口截舌。（《元杂剧三十种·关大王单刀会杂剧》）

（22）臣启大王：甲胄在身，不能俯伏，臣该万死！田虎道：赦卿无罪。（《忠义水浒传》第一百回）

"该"和"应该"在近代汉语的使用的时候都能表示一种"天数注定"的意义。表示是一种天命，是不可改变的，这就证明了"该""应该"的强制性的义务义。例如：

（23）但得一个残疾小厮来，兴衰，天数该，将时辰问甚好共歹！（《元杂剧三十种》）

（24）无奈命里应该，也算自作自受。（《红楼梦》第一百回）

助动词"该"由实义动词"该"表示"欠"这个义项引申而来的。"如果某人欠了什么"，那么"他就承担了一定的义务"。[2] 例如：

（25）父亲你去时问刘员外借了十个银子，本利该二十个银子。（元曲选《鸳鸯被》）

---

[1]　《古代汉语虚词词典》. 商务印书馆 1999 年版。

[2]　Bybee（1999）认为在很多语系的语言中，"欠"和"义务"的表示方法有着很密切的联系。

（26）我父亲许久不回，本利该还二十个银子。（同上）

后来，在《红楼梦》中发现了"该"的弱义务义用法，表示一种建议，例如：

（27）老太太也不必过虑了，他已经回来，大家该放心乐一回了。（《红楼梦》第四十三回）

（28）李纨等道：若果如此，也该去走走，只是也该回来了。（同上）

例（28）中的"该"前一个是义务义的用法，表示建议；后一个"该"表示推测的用法，表示对尚未发生而又应该发生的事情的推测。

"该"在《红楼梦》中的有些句子中也带有可能性，例如：

（29）周瑞家的悄问奶子道：姐儿睡中觉呢？也该清醒了。（《红楼梦》第七回）

（30）凤姐道：嗳！往苏杭走了一趟回来，也该见些世面了，还是这么眼馋肚饱的。（《红楼梦》第十六回）

"该"表示推测义的时候是说话人对自己以外的人或事件的推测，一般还带有表示语气缓和的副词，诸如"也"等。

3.2.3 义务义情态"应该"的主观化过程

"应该"在近代汉语的时候还用于表示受某种客观的外在条件的制约而该有的，例如：

（31）若是有那应该的缘法，凭这隔着多远，绳子扯得一般，你待挣得开哩！（《醒世姻缘》第四十回）

（32）他又向人家内眷们要了十几两银子。岂知老佛爷有眼，应该败露了。这一天急要回去，掉了一个绢包儿。（《红楼梦》第八十一回）

（33）无奈命里应该，也算自作自受。（《红楼梦》第一百回）

然后，"应该"表达一种指向施事的情态中的义务意义，表示社会条件或伦理道德的制约使得施事本该如此。例如：

（34）二则是你师徒们魔障未完：故此百灵下界，应该受难。（《西游记》第六十六回）

（35）所以星家偏有寿命难定。韩信应该七十二岁，是据理推算。何期他杀机太深，亏损阴，以致短折，非某推算无准也。（《喻世明言》第三十一卷）

（36）戚氏，那吕氏是正宫，你不过是宠妃，天下应该归于吕氏之子，你如何告他专权夺位，此何背理？（同上）

这里的"应该"表达一个义务意义，指的是"本应如此"，"本来就是"这就是以施事为导向的情态中的义务义。前两种用法在近代汉语中最为常见。

其次，"应该"还产生了表示祈使意义，主语是第二人称。这种用法还不多见。

（37）既是道士从你门口走过，你应该把那和尚道士一手扯住，我凭着你杀，我也没的说。（《醒世姻缘》第十二回）

这里的"应该"也表达一个义务意义，但是这里是一个祈使或建议语气的，是指向说话人的祈使语气情态。

"应该"表示以说话人为导向的情态的时候，除了祈使语气以外，还可以表示建议的语气。例如：

（38）还是寄姐说道："周相公是个老成的人，他往常凡说甚事，颇有道理，这事应该听他。"（《醒世姻缘》第九十七回）

然后，"应该"也发展出了表示可能性的意义。

（39）前日买的那匕首，忽然不知去向，想是应该数尽了？（《醒世姻缘》第七十九回）

（40）我只不解；算你两个都认真读过几年书，应该粗知些文义罢了，怎的便贯通到此？这出我意外！（《儿女英雄传》第三十三回）

上面两例中画线的部分表示说话人的心理活动，"应该"跟"想是"共现，更加强了认识情态的意义。由此，我们可以绘制出义务义的主观化脉络：

义务义—祈使—建议—可能性

3.3 表能力义情态的主观化

在类型学中，跨语言的调查发现表达情态中的能力义有词汇手段和语法手段。

首先，研究"能力"的词汇来源中，最常见的就是表达认知类动词。而且在很多情况下是原先只能用于心智能力（mental ability）的后来扩大了使用范围，可以表示物理能力了，比如英语中的助动词 *can*；也有最初用于身体能力的后来扩展到心智能力的，比如英语中的 *may* 以及我们后文要提到的汉语中的"能"。另一组重要的来源就是表达动态的动词，多表达"到达类"的意义。因为这些词的意义表达成功地完成某种行为，成功地实现某种目标。最后从能力义变成了根情态的可能义。首先，从心智能力到一般的能力，我们很容易理解，因为很多活动既需要心智也需要身体，所以能力义就扩大到两者兼具了；而从能力义到根可能义其实是语义的泛化，这一步实际上可以认为是语义上的一些特定成分的丢失，而这些特定的成分需要有施事主语，而动作的完成不仅仅完全依赖于施事，还依赖外部世界，那么能力义就泛化到那些既是施事也是外部世界作用的情景。

当然也存在相反方向的能力义的演变，汉语的"能"就是由一般的身体能力到心智能力的演变。

"能"的助动词用法来源于在上古时期的实义动词，表示"能够"，就刚好符合我们所说的成功地完成了某事。"能"表示有能力干某事。最常见的就是"能 +V"的结构，例如：

（41）静言思之，不能奋飞。（《毛诗·国风·邶·柏舟》）

（42）使我不能餐兮。（《毛诗·国风·郑·狡童》）

这种"能力"是需要依赖于施事而完成的动作行为。因而，首先有以下几个特点：

①动作的完成依赖于施事自身的属性；

②"能"后的动词为动态动词；

③主语是有生命的；

④都表示的是一种物理性能力。

这里的"能"都表示的是主语有能力干某事。

"能"后来由表示某种能力变成了表示某种可能性，这种变化首先是在一些特定的语境中有了萌芽。根据我们对上古汉语语料的调查，"能"表示能够的意义，且后面加动词的用例的分布情况可知"能"用于否定和反问是占绝大多数的，可见"能"表示的可能性意义是在否定和反问的土壤中衍生的，这为"能"的语义变化提供了一个语境。而且，"能"在否定和反问句中的可能义大多前面都有一个前提性的条件（画线部分），正是由于这个条件的限制，使得"能VP"无法实现，例如：

（43）夫以信召人，而以僭济之，<u>必莫之与也</u>，安能害我？（《左传·襄公二十七年》）

（44）<u>自郢及我九百里</u>，焉能害我？（《左传·僖公十二年》）

（45）<u>喜赂、怒顽</u>，能无战乎？（《左传·僖公二十八年》）

（46）<u>未能事人</u>，焉能事鬼？（《论语·先进》）

（47）<u>听奸臣之浮说，不权事实</u>，故虽杀戮奸臣不能使韩复强。（《韩非子·存韩》）

可见，"能"在这些句子中的表示能力的意义被具体的语境削弱了。这里的"能"在反问句中也可以诠释为"可能"之义，因为反问句本身就含有说话人对事件的看法和态度，所以本来是表示客观的能力的"能"在反问句中可以诠释为"可能"。但是它表示"能够"的意思还存在，还是主导的意义。

试比较：

（48）a. 子张问仁于孔子。孔子曰：能行五者于天下，为仁矣。（《论语·阳货》）

b. 汤誓曰：时日害丧？<u>予及女偕亡，民欲与之偕亡</u>，虽有台池鸟兽，岂能独乐哉？（《孟子·梁惠王上》）

句 a 肯定的陈述，"能"只能解读为"能够"，能够做到某事才能称为"仁"，而句 b 的"能"则既可以解释为"可能"，也可以解释为"能够"。正是因为有前面的一个条件："予及女偕亡，民欲与之偕亡"，这个条件导致了不可能"独乐"。即凡是有外部世界的条件造成了主语施事的能力，就发展出了根可能的意义。上述画线部分均为外部条件。"能力"的完成既需要施事也需要一定的外部条件，而当外部条件占主要地位的时候，根情态的可能义就衍生出来了。

"能"的能力义和可能义在复句的使用中，分工很明显。"能"在复句中的前一个分句表示条件假设是能力义，即如果具备了某个条件，就能实现某个结果，那么"能"用在前一个分句中表示条件的具备的必要性；"能"在复句中的后一个分句中表示可能发生的某种情况的时候，就是可能义。例如：

（49）故曰人主不能用其富，则终于外也。（《韩非子·爱臣》）

（50）能象天地，是谓圣人。（《韩非子·扬权》）

这两句指的是，如果能够具备"人主不用其富"，如果能够"象天地"，则会发生什么情况。这里的"能"都只有能力义。

（51）昏不言，以精相告，纣虽多心，弗能知矣。（《吕氏春秋·审应览》）

（52）虽晋之强，能违天乎？（《春秋左传·宣公十五年》）

这里的"能"用于复句中的后一个分句中，表示在某个条件下，可能会发生的事件，因而可以诠释成根情态的可能义。

从能力义到根情态的可能性之外，能力义还有一个发展脉络就是变成了允许义。施事被允许可以做某事。允许义是在根可能牢牢建立之后才发展而来的，根可能的表达一般性具备某种条件，既包含了身体条件，也包含了社会条件，而允许义就是具备了社会性的条件。另一种表达允许的情态词则来源于允许义的动词，这一点我们后文中将要论述。

3.4 表意愿义情态的主观化

意愿义和义务义是有部分交叠的两个语义。首先，义务义的概念的表达包含了一部分意愿义。例如：

（53）我该走了。

这个例子中，我们可以看出，一方面是外在的某种力量迫使、需要"让我走"；另一方面，如果"我"决定走了，那么就含有"我"自己的意愿了。

根据意愿义来源的不同，意愿义分为两种：第一种是内部意愿（internal volition），第二种是外部意愿（external volition）。而这种外部的意愿就是一种物理性的需要（physical necessity），这种外在的意愿就是一种"X 使得 S 做某事"之意，而内在的意愿就是"S 想做某事"之意。

英语中最典型的义务义情态词就是 *will*。汉语中最典型的意愿义情态词当属"要"和"愿""肯"等。

意愿义是"要"的根情态意义，现代汉语中，"要"的主观性主要体现在两个义项上：第一，表示意愿义；第二，表示预测义。意愿义跟将来时是密不可分的。因为当主语的动作行为是某种即将要发生的动作的时候，而主语又是第一人称的时候，这就很容易引起我们将此作为意愿义的解读。"要"就是由意愿义的根情态意义向表示预测的认识情态意义发展的。意愿义和义务义一样，主语的生命度起着重要作用。意愿义情态的主语主要是第一人称代词。"要"的具体的主观化过程将会在第4章具体说明。我们在这里主要谈谈"肯""欲"的主观化过程。

3.4.1 意愿义情态"肯"的主观化过程

"肯"在上古时期就有表示意愿义的用法。裴学海《古书虚字集释》卷五："肯，愿词也。"例如：

（54）终风且霾。惠然肯来？莫往莫来，悠悠我思。（《毛诗·国风·邶·终风》）

（55）硕鼠硕鼠，无食我黍！三岁贯女，莫我肯顾。（《国风·魏·硕鼠》）

"肯"在上古还可以表示"许可"。《尔雅·释言》："肯，可也。"表示一种许可，但是"肯"的这种"许可"是一种赞许和对对方的肯定。例如：

（56）且问孝者非一，皆有御者，对懿子言，不但心服臆肯，故告樊迟。（《论衡·问孔》）

可见，"肯"是意愿义和许可义兼备的。

"肯"在上古时期表意愿义的时候，绝大多数为否定或反诘语气的用法，例如：

（57）秦伯不肯涉河，次于王城，使史颗盟晋侯于河东。（《左传·成公十一年》）

（58）使造父而不能御，虽尽力劳身助之推车，马犹不肯行也。（《韩非子·外储说右下》）

（59）庆封唯逆命，是以在此，其肯从于戮乎？（《左传·昭公四年》）

（60）今人主不合参验而行诛，不待见功而爵禄，故法术之士安能蒙死亡而进其说，奸邪之臣安肯乘利而退其身？（《韩非子·孤愤》）

中古时期，"肯"的意愿义随着施事的变化而变化，当施事不再是一个有生命的主体的时候，"肯"就可以诠释为"能够"的根情态可能义。例如：

（61）种子良善而田薄恶，以此受者，心不善故令是澡水不肯流下。（《大藏经·菩

萨本缘经》卷上）

（62）是诸众生，虽受如是种种苦恼，然其命根亦不肯尽。（《大藏经·菩萨本缘经》卷中）

到了近代汉语，"肯"表根可能的用法也越来越多了，这个意义就独立出来了，例如：

（63）贪财何日肯休，爱色几时能止！（《敦煌变文集新书·妙法莲华经讲经文》）

这里的"肯"和"能"对举使用，"肯"的根可能意义更加明显了。近代汉语中还有例子如下：

（64）唱和作威福，孰肯辨无辜。（唐·杜甫《草堂》）

（65）东坡若肯三年住，亲与先生看药炉。（宋·苏轼《赠黄山人》）

但是，据我们研究，到了《敦煌变文集》之后的近代汉语中，"肯"表示根可能的意义越来越少，大多还是表示的是主语的意愿义。根可能的用法最终没有固定规约下来。

3.4.2　意愿义情态"欲"的主观化过程

春秋战国时期的"欲"表意愿"想""想要"，例如：

（66）予欲左右有民。汝翼。予欲宣力四方。汝为。予欲观古人之象。（《尚书·虞书·益稷》）

（67）汤既胜夏。欲迁其社。（《尚书·商书·汤誓》）

（68）古之欲明明德于天下者，先治其国。（《礼记·大学》）

李明（2001）转引张双棣先生等（1993：423），认为"欲"从意愿义中发展出了"应当"的意义，并研究了《吕氏春秋》中"欲"有"应当"的意义，出现在《贵公》《任地》《辩土》3 篇之中，共 19 例。例如：

　　（69）故亩欲广以平，甽欲小以深。（《吕氏春秋·辩土》）

　　（70）树肥无使扶疏，树磽不欲专生而族居。（同上）

　　但是，李明（2001）认为在唐五代时期，表示应当的"欲"消失了，但我们发现"欲"后来亦有用于义务义的用法，例如：

　　（71）凡植木之本，其本欲舒，其培欲平，其土欲故，其筑欲密。（唐·柳宗元《种树郭橐驼传》

　　（72）心欲小，志欲大。（《文子·微明》）

　　（73）泛论君子，则云情欲信，辞欲巧。（《文心雕龙·征圣》）

　　（74）凡秋耕欲深，春夏欲浅，牛欲廉。（《齐民要术·耕田》）

　　这里的"欲"都是"欲 + 形容词"的结构。

　　"欲"还由意愿义发展出了将来时标记的用法，这点跟"要"的发展路线是一致的。清刘淇《助字辨略》卷五："欲，将也。凡云欲者，皆愿之而未得，故又得为将也。"杨树达《词诠》卷九："欲，将也，言未来之事用之。"例如：

　　（75）胜怒，捕系武臣等家室，欲诛之。（《汉书·陈胜传》）

　　（76）溪云初起日沉阁，山雨欲来风满楼。（唐·许浑《咸阳城东楼》）

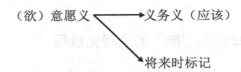

　　（欲）意愿义　——→　义务义（应该）

　　　　　　　　　　　　——→　将来时标记

3.4.3　意愿义情态"待"的主观化过程

　　"待"的情况比较复杂，"待"既发生出了意愿义的用法，也发展出了义务义的用法。"待"在上古时代是"等待"意义的实义动词，例如：

　　（77）先王昧爽丕显。坐以待旦。（《尚书·商书·太甲上》）

　　我们认为"待"的助动词用法是从等待义发展而来的。

"待"后面可以加名词，也可以不加，还可以用于兼语句，《史记》中出现了大量的"待"用于兼语句的情况：

（78）使使谕齐王及诸侯，与连和，以待吕氏变，共诛之。（《史记·本纪·吕太后纪年》）

（79）外畏齐、楚兵，又恐灌婴畔之，欲待灌婴兵与齐合而发，犹豫未决。（《史记·本纪·吕太后纪年》）

（80）重耳谓其妻曰：待我二十五年不来，乃嫁。（《史记·世家·晋世家》）

汉代文献中，"待"后加动词的情况也越来越多，例如：

（81）古者之兵，戈矛弓矢而已，然而敌国不待试而诎。（《史记·书·礼书》）

（82）至天道命，不传；传其人，不待告；告非其人，虽言不着。（《史记·书·天官书》）

（83）今先据城，以逸待劳，非所以争也。（《后汉书·冯岑贾列传》）

我们认为待发展成义务义情态是从上面这样的结构重新分析而来，这里的"待"直接加 VP，例如：

（81'）古者之兵，戈矛弓矢而已，然而敌国不待 e 试而诎。《史记·书·礼书》

"待"后面有一个空位，这个空位指的是前面的"戈矛弓矢"，即子句的主语提升到句子之前作为话题了，整个句子的结构是：T，S 不待 e VP。"待"表示义务义情态"必须"的意义，见于"待＋VP"，例如：

（82'）至天道命，不传；传其人，不待 e 告。（《史记·书·天官书》）

"待"用作义务义情态时，句中也形成了一个空位，即 VP 的施事，句子的话题"传其人"是 VP 的受事，整个结构为：T，不待 e VP。这句话还可以理解为："传其人，e_2 不待 e_1 告"。

近代汉语中，"待"常常跟"要"和"欲"连用，表示就要，就打算做某事，例如：

（84）知得有情人不曾来问肯，便待要成眷姻。（《元刊杂剧三十种·诈妮子调风月杂剧》）

（85）目下申文书难回向，眼见的一身亡。他却待配鸾凰。（《元刊杂剧三十种·好

酒赵元遇上皇杂剧》）

后来，"待"单独使用也有了表示意愿义，例如：

（86）我待学列子乘风，子房达道，陶令休官，范蠡归湖。（《元刊杂剧三十种·马丹阳三度任风子杂剧》）

（87）我那里赶猪？我一心待杀那厮去。（同上）

（88）我有心待将这家私三分儿分开，一分婆婆，一分女婿，一分我有用处。（《元刊杂剧三十种·散家财天赐老生儿杂剧》）

"待"的助动词的意愿义用法是从其"等待"义发展而来的，"待"表示的是等待某人做某事之后再自己做某事，这种等待的目的就是为了自己完成某事，因而"待"发展出了意欲之义。

3.5 表允许义的情态的主观化

"准"和"许"都有表示允许的意义，例如：

（89）我们许了别人毕业年限，将学生招来，如今半途而废，我们是有责任的。（李劼人《暴风雨前》）

（90）她不准小孩子有坏习惯，从不溺爱他们。（老舍《四世同堂》）

其否定形式在祈使句中表达禁止的意义，但是这种禁止的意义并没有相应的肯定的用法。例如：

（91）不准走！不许走！

（92）不准去！不许去！

"许"在上古是个表示许可意义的实义动词。

《说文·言部》："许，听也。"段玉裁注："听从之言也。耳与声相入曰听，引申之，凡顺从曰听。"《广韵·语韵》："许，许可也。"例如：

（93）使公子鱼请，不许。（《左传·闵公二年》）

（94）秦王度之，终不可强夺，遂许斋五日。（《史记·廉颇蔺相如列传》）

"准"的许可义出现得比"许"要晚很多，是旧时公文用语，始于唐、五代。表示许可、依照等意思。如：准如所请；准此。参阅南宋·费衮《梁溪漫志·三省勘当避讳》、南宋·周必大《二老堂诗话》。再例如：

（95）乃于战所，准当时兵士，人种树一株，以旌武功。（《周书·文帝纪下》）

"许"和"准"作为许可义的助动词是由其实义动词发展而来的，后来发展出表示推测意义的情态词，例如：

（96）撺如陌上鼓，许是侬欢归。（汉·古乐府《懊侬歌》）

（97）天可怜见林冲！若不是倒了草厅，我准定被这厮们烧死了！（《忠义水浒传》第一回）

综上所述，"准""许"都可以表示允许义，用于否定形式的"不准""不许"都可以在祈使句中表示禁止做某事，是否定的祈使句。"准"和"许"都发展出了表示推测的意义，多用"准/许+是"的结构表达主观上不确定的推测。我们认为，否定祈使句中的这种禁止义也是由说话人发出来的，自然而然就代表着说话人的主观意愿，就是说话人不希望听话人干某事。

下面，我们来详细描述一下"许"的发展脉络：

"许"在春秋战国时期有许诺，答应的意义，例如：

（98）县子闻之，曰：汰哉叔氏！专以礼许人。（《礼记·檀弓上》）

（99）女子许嫁，笄而醴之称字。（《仪礼·士昏礼》第二）

"许"在春秋战国还有许可的意义，例如：

（100）使者曰：某使某受命吾子，不许，某敢不告！（《仪礼·士昏礼》第二）

（101）季武子成寝，杜氏之葬在西阶之下，请合葬焉，许之。（《礼记·檀弓上》）

这两种用法都还是实义动词的用法。此时，"许"可以单独使用，也可以后面带一个宾语。"许+指人宾语"表示答应某人。后来又出现了"许"带双宾语的结构，例如：

（102）晋侯许之七百乘。（《左传·鞍之战》）

这里的"许"就有答应给予之义。这样，"许"就是：[答应]+[给予]，"许"

这里就有了两个动词的义项。这就为"许"后面可以加实义动词，表示答应做某事做了铺垫。

"许"的助动词用法来源于实义动词"许"的后面可以接动词，表示答应做某事，但是，最初"许"后面跟的动词很有限，只能跟"嫁"和"诺"，"许嫁"表示女子答应婚事，"许诺"表示答应某事，"诺"上古时期也表允许答应。直到魏晋南北朝时期，"许"后面可以接的动词才多起来，例如：

（103）仗既不许入台殿门。（《宋书·武帝纪》下）

（104）王新妇见理等当停太厨间，汝馀房累，悉许同行。（《南史·五十一临贺王正德传》）

这样，"许"就成为一个表示允许义的助动词，结构就是"许＋实义动词"，"许"在魏晋南北朝也发展出了表示说话者估计的意义，例如：

（105）自去践行量度，二十许载。《宋书·列传第五十八·二凶传》

这里的"许"表大概，大约。常常用在数量词的后面。我们认为"许"的认识情态的用法也是从此产生的，例如：

（106）撢如陌上鼓，许是侬欢归。（汉·古乐府《懊侬歌》）

（107）蜻蜓许是好蜻蜓，飞来飞去不曾停。（南宋《佛语录·五灯会元》）

这里的认识情态的"许"多用在是的前面，表示一种不太肯定的推测，是情态副词。因而我们认为情态副词的"许"是来源于表数量大约的副词"许"。

"许"和"准"作情态助动词的用法比较晚，据李明（2001）的研究，"许"的助动词用法出现在元代，而"准"的助动词用法出现在清代。我们分析认为，"许"表允许的根情态用法在魏晋南北朝就已经形成了，而认识情态的用法在魏晋南北朝就已经出现。

3.6 来源于形容词的情态的主观化

很多学者都从主观性的角度研究过形容词（Adamson，2000；Bache，2000；Bolinger，1967；Driven，1999）。他们尤其关注形容词的句法分布、形容的类别和主观性的关系。张国宪（2006）认为，性质形容词表示的是宿主的客观属性，而状态形容词表示的情状"都跟一种量的观念或是说话的人对于这种属性的主观估价作用发生联系"。可见，他认为的不同类型的形容词其主客观性有差别，性质形容词是客观的，而状态形容词是主观性的。Hetzron（1978）认为表示集体的、客观的形容词比表示个体的、主观的形容词在句法位置上要更邻近中心名词。

Traugott（2011）从历时的角度分析了几种情态的来源，除了来源于主要动词以外，情态还有一个来源就是形容词。英语中，有两个形容词的结构是情态助动词的来源。一个是 *had better*，例如：

（108）You had better go.

　　　　你最好走。

You had better go 现在还常常有另一种形式：*You better go*。*had better* 来源于 16 世纪中古英语中的"对比、对照"的表达，现在则用来表达弱义务义，这种弱义务义是表示说话人的某种建议，这就是形容词的比较级发展出义务义的用法（Denison，Cort，2010）。

另一个结构是 *HAVE/BE like to*，现在标准的英语中已经不再使用，而被另一种形容词性的结构所代替，即 "be likely to"（Kytö，Romaine，2005）。首先，*HAVE/BE like to* 发展成为了反事实条件的主句，形成一种 *HAVE/BE like to +V* 的结构，表示"即将来临的、迫近的"；16 世纪中古英语中，随着该结构逐渐失去了反事实条件的语境，*HAVE/BE like to* 表达一种认识情态的意义，"差点、险些"之意。

汉语中也有来源于形容词的情态助动词，比如：宜、好、中、足、可。这几个词均表示某事适宜、适合意义。Heine（1993）、Narrog（2010b：418）也认为 *be good/fit/suitable/correct/right/proper* 这些表示适宜、适合、合适的形容词在很多种语言中都是情态助动词的语义来源。而它们是形容词还是动词则主要取决于具体的语言使用环境。

3.7　情态助动词的类型学演变

3.7.1　其他语言中的助动词使用情况概述

我们根据《语法化的世界词库》来统计一下与情态助动词演变相关的几条语法

化链。现总结如下：

1．能力义＞允许义

德语：

（109）a. Ich kann Auto fahr-en.

　　　　I know how to drive.

　　　　我知道怎么开车。

　　　b. Kann ich geh-en?

　　　　Can I go-INF.

　　　　Can I/Am I allowed to go?

　　　　我可以走了吗？

可见，德语里的 *can* 既有能力义，也有允许义的用法。

2．能力义＞可能义

德语：

（110）a. Er kann Französisch.

　　　　He can French.

　　　　He knows French.

　　　　他会说法语。

　　　b. Er kann Franzose sein.

　　　　He can French be.

　　　　He could be French.

　　　　他可能是个法国人。

德语中的助动词 *can* 跟英语中的用法一样，既可以表示能力，也可以表示推测。上述两个语法化链在汉语中也存在，前文已经详细探讨过，这里不在赘述。

3. 到达义 > 能力义

Koranko 语：

（111）a. k é laye á ra k é fɔlɔ b à ?

　　　　　Messenger TAM reach already Q?

　　　　　Has the messenger already arrived?

　　　　　送信人到了吗?

　　　b. ń t é k é t á a-la.

　　　　　1:SG NEG reach go-at.

　　　　　I am not able to walk.

　　　　　我走不了路。

4. 将来时 > 认识情态

德语：

（112）a. Sie wird bald kommen.

　　　　　She will soon come.

　　　　　She will come soon.

　　　　　她很快就会来。

　　　b. Sie wird jetzt zu Hause sein.

　　　　　She will now at home be.

　　　　　She will be at home by now.

　　　　　她这会儿肯定在家。

保加利亚语：

（113）a. Konferencijata **šte** se săstoi v Berlin.

　　　　　Conference: DEF FUT REFL take: place in Berlin.

　　　　　The conference will take palce in Berlin.

会议在将在柏林举行。

b. Tja šte e pri prijatelja si po tava vreme.

She FUT be:3:SG:PRES at boyfriend REFL at this time.

She will be at her boyfriend's place at this time.

她这会儿肯定在她男朋友家。

从将来时标记到认识情态的还有英语和斯瓦西里语。

5. 能力义＜取得义（get）

从取得义到能力义的语法化演变：

高棉语：（Matisoff，991：425-426）

（114）a. look cɔng baan chəə-kuh tee？

2:SG want get matches Q?

Do you want to get some matches?

你想要些火柴吗？

b. kñom sdap baan.

1:SG ? get.

I can understand.

我可以理解。

越南语：（Kuhn，1990：9）

（115）a. sáng nay chɨ to:i đuʼọ ʼc thoʼ.

Moring this sister 1:SG receive letter.

This morning, my sister received a letter.

今天早上我姐姐收到一封信。

b. to:i báʼt hai co cá đuʼọ ʼc.

1:SG catch two CLASS fish receive.

I am able to/can catch two fish.

我能抓住两条鱼。

6. 能力义＜知晓义（know）

根据 Bybee 等（1994）进行的语言调差所示的发展过程：心智能力＞身体能力（mental ability>physical ability），除了英语之外，他们还列举了 Motu 语言中的 *diba* "know"＞身体能力和心智能力标记（Bybee et al，1994：190）。俾路支语中的 *zən* "to know how to"（助动词＋非限定）＞心智能力的标记（Bybee et al，1994：190）。丹麦语 *kunne* "know"＞心智能力（Bybee et al，1994：190）。桑戈语 *hínga* "know"（动词）＞能力标记（Thronell，1997：122）。

7. 适宜义（suitable）＜能力义

事实上，适宜义是情态词的一个重要的来源，我们在第3章也提到过，汉语中由形容词发展为情态词的大多是适宜义的形容词，比如：中、好、宜、足等。在语言类型学中，适宜义的词汇也与情态词有着密切的联系。关于适宜义，《语法化的世界词库》给出的意义是：*to be sufficient，enough，to be fitting，to be suitale*，可见汉语中的"中""足""好""宜"都非常符合这个语义。例如："推恩足以保四海，不推恩无以保妻子"（《孟子·梁惠王上》）。"足"在这里就是能力义，跟后文的"无"形成对比（"足以"表示能够；"无以"表示不能够）。

林加拉语：（Mufwene and Bokamba，1979：244-247）

（116）a. Ká zi a-kok- í na lisano ó yo.

Kazi he-fit NPERF COM game this.

Kazi should be good for this game.

Kazi 擅长这个游戏。

b. Ká zi a -kok- í ko-bé ta ndembó .

Kazi he-fit-NPERF INF-beat soccer:ball.

Kazi can play soccer.

Kazi 会踢足球。

8. 适宜义＞义务义

卢奥语中的 *winjore* "fitting" > *o-winjore* "should"；这个语言中还有：*nego* "fit into" > *o-nego* "ought"。*o-winjore* 和 *o-nego* 都是该语言中的义务义的标记。阿乔什语中，*myero* "be suitable" > *o-myero* "should"，"have to"；*o-myero* 是一个义务义情态标记也是一个认识情态标记。（Bavin，1995：117-119）

9. 传信＜言说（evidential＜say）

Givón（1991a：83）发现英语中的 *say* 有传信义，例如：*They say she's coming.* 列兹金语 *luhuda* "say" > *-lda*，听说义的传信标记（Haspelmath，1993：232）。

10. 传信或推理＜反预期（evidential, inferential＜mirative）

韩国语 *-kun*，反预期的词缀＞推理传信标记（Delancey，1997：45）。

松瓦语（Sunwar）：

（117）a. *Tangka Kathmandu-m* ′*baâ-tə.*

　　　　 Tangka Kathmandu-LOC exist-3:SG:PAST.

　　　　 Tangka is in Kathmandu.（said by someone who had seen）

　　　　（某人亲眼所见）Tangka 在 Kathmandu.

　　　b. *kyar̃a sad-a* ′*baâ-tə.*

　　　　 Goat kill-3:SG exist-3:SG:PAST.

　　　　 He killed a goat（I hear or infer）.

　　　　（估计或听说）他杀死了一只羊。

11. 将来时＜道义情态

将来时＜义务义

12.拥有义＜义务义

布列塔尼语的 *dle* "own" ＞强义务义标记

拉丁语的 *dēbēre* "own" ＞强义务义标记（Denning，1987：47）。

3.7.2　方言中情态助动词的使用 [1]

1．方言情态助动词的用法

方言情态助动词的用法为考察普通话情态助动词的主观化演变提供了佐证。

山东潍坊话中有助动词"待"的使用，例如：

（118）恁 [nèn] 待上哪？

　　　俺待赶集去。

（119）恁待买什么？

　　　俺待买菜。

在本章 3.4.3 节我们曾经讨论了"待"是从等待义演变而来的情态词，"待"可以表示意愿、义务义等。这一点从方言中也得到了佐证。山东潍坊话中的"待"用在谓语动词之前，表示即将、打算要做某事，是一种意愿义。

2．方言中与普通话助动词使用功能的互补

1）闽南方言

闽南话中的"会"跟普通话一样，可以用作能愿动词，但是又跟普通话的"会"用法很不一样。它实际上相当于普通话的"能"。

普通话中用"能"表示恢复某种能力，闽南方言用"会"，例如：

（120）我腿好了，会落床。（我腿好了，能下床了。）

普通话中用"能"表示后天学习的能力，而且这种能力还是一种超出常人的较

---

[1]　方言的材料均来自黄伯荣《汉语方言语法类编》。

高量，闽南话用"会"，例如：

（121）我五分钟会写三百字。（我五分钟能写三百字。）

普通话中的用"能"表示道义情态的允许义，闽南话用"会"，例如：

（122）他明仔日会来学校。（他明天能来学校。）

（123）他下个月会来。（他下个月能来。）

2）上海话

肯 [kěn]。上海话中的"肯"比普通话中的"肯"使用范围更大，可以用于无生命的事物，相当于"会"，例如：

（124）塑造鞋子是勿肯收潮气个。（塑料的鞋子不会吸潮气。）

会 [huì]。"会"在使用的时候后面还常常可以带一个"得"，例如：

（125）侬可以吃勒饭去，保侬勿会得晏个。

上海话中还经常出现的一个情态动词就是"好"，相当于普通话的"可以""适宜义"，表示该做某事或可以做某事了，例如：

（126）风忒大，勿好开船。

（127）迭个人勿好搭（交往）个。

（128）阿拉是尽义务，侬阿好帮我忙？

基于汉语方言宝库去探索的能愿动词的用法是一个非常有意思、有价值的研究，但是目前在这方面的研究还不够多。本书也仅仅是提供一个新思路，希望以后能在方言方面和方言与普通话的对比方面对情态助动词进行更进一步的研究。

3.8 情态语义演变的机制和路线

提到情态意义的时候，关于它的语义演变的机制有两种观点：

一种认为是隐喻机制，即是隐喻的扩展（metaphorical extension），持有这种观点的是 Swestser（1985，1990）。她认为，情态意义是从社会物理性的世界到推理信念世界的一个隐喻投射。

另一种是推理机制，即是推理的规约化（conventionalization of implicature），持有这种观点的是 Traugott（1989），Traugott 和 König（1991），Bybee（1988a）。他们认为从根情态到认识情态是推断的规约化，推理开始发生在一定的语境中，是少数使用的，之后逐渐被人们接受，然后不断规约下来。第一个阶段中，推断义是一个新产生的意义，依赖于特定的语言环境，是一种临时的意义；第二个阶段，既可以解释为推断义也可以解释为原来的意义，表示这种两可意义的句子越来越多，推断义用法越来越普遍；第三个阶段，推断义独立出来。

我们可以归纳出情态主观化几条显著的发展路线：

1）能力义的情态发展路线

2）义务义的情态发展路线

3）意愿义的情态发展路线

4）允许义的情态发展路线

允许 ⟶ 认识情态

上述四条发展路线，都是从实义动词发展成为助动词的。

5）形容词发展到情态用法：

形容词 ——————→ 道义情态 ——————→ 认识情态

3.9 本章小结

本章主要探讨了汉语中几个比较常见的情态词的主观化演变过程，包括来源于实义动词的"必须""应该""该"；"能"；"要""愿""肯""欲""待"；"准""许"和来源于形容词的"宜""足""可"。

"必须""应该""该"是义务义情态词，它们的主观化过程是从义务义情态词发展到可能义情态词，从强义务义到弱义务义。能力的情态词选择了最典型的"能"，"能"主观化的语法环境是反问或疑问的语气；"要""愿""肯""欲""待"是意愿义情态，意愿义情态词的主观化成道义情态或认识情态；表示许可义的"准""许"都可以发展成为可能义；来源于形容词的"宜""足""可"都是一种适宜义，都可以发展成认识情态。通过上述语言事实，我们总结如下的主观化特点：

并不是所有的情态都会有一个完整的主观化链条，也就是说不是所有的情态都能主观化成为认识情态的，有的情态助动词只发展到了道义情态就中止了其主观化的进程。

本章这几个代表性的情态助动词的历时演变中主观化不存在逆向的现象，即没有一个情态助动词的发展是从主观到客观的，但是汉语中到底有没有逆主观化的现象呢？有待于下文中继续探讨。

客观性和主观性的情态实际上是一个连续统，客观意义逐渐变弱，逐渐表示言者的不确定性，主观意义伴随产生。

那么，是什么原因造成了情态主观化以及情态主观化所带来的后果呢？我们将在下一章进行探讨。

第 4 章　情态的交互主观化

4.1　交互主观性和交互主观化理论

在继对主观化研究之后，Traugott（2003：129-130）又提出了交互主观性（intersubjectivity）和交互主观化（intersujectification）的理论。交互主观性指的是说 / 写者用明确的语言形式表达对听 / 读者"自我"的关注，这种关注可以体现在认识意义上，即关注听 / 读者对命题内容的态度；但更多的是体现在社会意义上，即关注听 / 读者的"面子"或"形象需要"。主观化中的言语行为是以说话者为导向的（speaker-oriented），交互主观化是以听话人为导向的（hearer-oriented）。在交互主观化当中，听话人不再仅仅是一个被动的话语接受者了，而是作为一个主动的概念化对象（conceptualizer）。主观性是交互主观性的先决条件，一个语法范畴只有先经历主观化过程才能进入到交互主观化的过程当中，交互主观化在某种程度上可以被认为是主观化的扩展，从主观化到交互主观化的发展是一个不可逆的过程。与说者主导的主观性不同的是，交互主观性侧重于听者的诠释和理解。它与主观性是平行的。交互主观性指的是说话者的注意力向听者转移的显性表达。这种表达包括两个方面，第一，认识性的意义（epistemic sense），关注听者对言者话语内容的态度，即听者听完言者的表达后会产生什么样的态度；第二，更加社会性的意义，关注与社会地位和社会身份相关的听者的面子和形象需要。

与主观性和主观化的关系一样，交互主观化是交互主观性的历时演变，指的是意义越来越考虑到听者的态度。交互主观化的发生多是在主观化的基础上而产生的，因而一般情况下没有不发生主观化的交互主观化。用图示表示为：非主观化＞主观化＞交互主观化，这是一个不可逆的演变趋势。

交互主观性分为三种，一种是态度型的交互主观性（attitudinal intersubjectivity）；一种是回应型的交互主观性（responsive intersubjectivity）；一种是篇章型的交互主观性（textual intersubjectivity）。

而建立在认识语法框架基础之上，Langacker（1991），Verhagen（2005、2007）从说话者和听话者认知上的合作提出了关于交互主观化一些观点。他们认为，在交互主观性的结构中，听话人被显性地前景化了，听话人成为说话人的一个积极的诠释者。听话人在主观化当中是一个被动的话语接收者，受发话人的导向，集中在既定的概念内容中；而在交互主观化中，听话人就转化成了一个积极的概念化主体。而且，在 Verhagen 的观点里，这种说话人和听话人的认知上的合作是普遍存在于言谈交际之中的，但是在某些结构当中会表现得更加明显。例如：否定结构。如下两个例子：*She is not happy VS She is unhappy*。*not happy* 不是从说话者的角度来否定的，是说话者对听话人观点的否定，而形态上的否定 *unhappy* 则是说话者的否定。

4.2　可能义的情态词发展为让步标记的交互主观化

4.2.1　"可能"的低确信义

我们发现，一些表示或然义的副词，例如"可能""也许""或许"等，可以用在让步关系从句中，作为让步标记，后面再用转折关系连接，构成了"可能……但是……"的结构。

这类表示可能义的副词，其认识情态的用法都是表示一种或然义，即不确定的推测义，是一种认识情态。作为认识情态的"可能"表达的是一种"非确定性的推测"。郭昭军（2002）在探讨"可能"和"会"的区别时，认为"可能"从量上来说，表示的是一种变化幅度很广的模糊量。他还列举了几个情态词，将它们的可能性程度用量度表示出来：

也许＜可能＜大概＜很／非常／十分／极可能＜会

可见，"可能"所表示的推测的意义确定性程度是比较低的，因而我们把它作为非确定性的推测来研究。因而，我们认为 [+ 低确定性] 是认识情态的"可能"的一个义项。例如：

（1）他在做伸展热身时，我们又私下小声说，他可能又是像一座大山一样，光有高度，没有技术。（姚明《我的世界我的梦》）

（2）那样的话，他们说，也许乔丹会打到季后赛，可能现在还在打球。（同上）

这两例中的"可能"都是或然义，是说话人一种不确定的推测。

4.2.2　可能义向让步义发展的交互主观化

我们认为，"可能类"的情态词用在让步关系从句中表示让步，"可能类"的情态词发展出让步标记的用法，是"可能类"的情态词的认识情态的进一步发展。例如：

（3）现在他年龄大一些了，可能不如从前了，但他几年前还是很棒的。（同上）

（4）真理的光芒有时可能会黯淡，但永远不会熄灭。（成果《哈佛成功课》）

这是由"可能……但……"构成的让步复句。前一句是说话者用"可能"缓和语气，否则直接说"不如从前"会显得不太礼貌。后一句是用"可能"明显表示让步，表明"真理黯淡"是暂时的，后面又用"但"转折，强调了"永不会熄灭"。

这里的"可能"表示主观推测的意义弱化了，即认识情态的弱化或者背景化。因为这里的"可能"表示一个让步的功能，连接着两个命题。被"可能"标记的那个分句表示说话者承认这个命题有一定的可能性，也许会发展；但是紧跟着的第二个命题则是转折。这里的"可能"表达的是说话人承认这个命题是正确的，而不是在表达说话人对这个命题的不确定性。

那么，这里的"可能"就可以解释为是一种篇章情态的功能。因为"可能"的功能要联系整个让步复句来看，而不仅仅理解为认识情态；而且"可能"在这个让步复句当中的认识情态意义弱化了。

我们根据"可能"在句中的可能性程度的强弱，将可能作为让步标记的分为两种情况：

一种是"可能"部分保留了可能义，但不确定性的程度减弱。"可能"义在让步从句中稍有保留，让步功能和推测功能共现。例如：

（5）网民们谈论的一些事情可能是"柴米油盐"类的小事，但是万千小事就是政府的大局。（新华网，2003 年 3 月新闻稿）

（6）对这些出生于二十世纪八十年代的新生代来说，红旗渠可能是陌生的，但"红旗渠精神"显然不难理解。（新华网，2004 年 11 月新闻稿）

这里的"可能"保留了一些表示推测意义的用法。例（5）当中，网民谈论了很多事情，其中有一些是柴米油盐的小事，这里仅仅表示一种选择，因为网民们谈论的事情当中肯定很多是"小事"。例（6）当中，"八十年代的人对于红旗渠的陌生"是说话人做出的一个推断，但是这里显然强调的不是这个推断的不确定性，而是后面的转折义中的"不难理解"。这两例中的"可能"虽然还保留有可能义，但是跟以前所表示的或然义的认识情态有很大的不同，不确定的程度减弱了很多，而仅仅是一种现实的推测。

一种是"可能"完全消失了可能义，仅仅作为缓和语气的让步标记。例如：

（7）忧愁焦虑使人"一夜白头"可能是个夸张的说法，但是对海中的珊瑚来说，环境压力的确可以让它迅速变白。（新浪网·科技时代，2004 年 8 月）

（8）人体发烧可能是患病的一种征兆，但人体发烧特别是婴儿发烧并非都是坏事。（新浪网·亲子中心，2006 年 5 月）

例（7）中的"一夜白头"这显然是个夸张的说法，例（8）中的人体发烧也显然是病症，这些都是说话者和听话者的背景知识，是显而易见的。但是仍然用"可能"，就是一种让步，为后文的转折缓和语气。

我们可以看出，不管是第一种的"可能"保留了部分推测义还是第二种的可能的推测义完全消失，"可能"在这类让步关系从句中都是作为让步标记的。

4.2.3 "可能"类情态词在让步从句中的语用功能

1．受话人对发话人的观点的部分肯定

（9）a：主要是他自己太想不开了，心态不好。

b：你说的可能确实没错，

但是社会和学校也有一定的责任。

受话人 b 承认了 a 所列举的原因的正确性，但是又不完全同意，因而用"可能"来表达部分肯定，然后再转折说明自己的论点。

2．引起话题的转换

（10）提起我们哥俩来，老朋友您可能不知道；但提起我们的授业恩师来，您可能有个耳闻。（常杰淼《雍正剑侠图》）

（11）我们击败新西兰队的时候，大家可能感觉新西兰队不怎么样，但现在他们把塞黑击败了。（新华社·新闻报道，2004 年 8 月）

这里的"可能"含有一定的推测意义，但在整个句式当中仍是让步的功能。在让步复句的前一个分句当中还表明的是前一个话题，用了"可能"就表明了论述的重点不在这个分句当中，引起了一个话题的转换，使得后面的转折句有一个新的话题。

3．缓和语气

前文也提到过这个功能，如果不用"可能"会显得非常生硬。这也是礼貌原则的一个表现。如例句（3）和例句（12）：

（12）这种形式可能是讨巧的，但绝不是偷懒的。（姚明《我的世界我的梦》）

当让步分句表示是一些消极的因素的时候，就可以用"可能"表缓和语气，避免直接表达这种消极因素而显得不够礼貌。

在对话语体中，受话人使用"可能"构成非主谓句来回答时，也是一种缓和语气的表现。例如：

（13）a：不是不整顿，是整顿了也没用啊！

　　　　b：可能吧。

　　　　　不过整顿一下风气至少有威慑作用吧。

受话人并不完全赞同发话人的观点，但是用"可能"在转折句之前，也就避免了直接否定的不礼貌。

4.3 情态词向话语标记的交互主观化发展

一些情态助动词同认知动词结合，形成一个话语标记，表示说话者表达的弱断言形式，是一种交互主观化的体现，表明说话者为了顾及听话者面子的一种委婉表达。这些形式有：可以说、可以认为、应该说、应该讲、应该认为…… 我们以"可以说"为例，看看"可以说"是如何经过三个阶段的发展成为话语标记的。

4.3.1 "可以说"的线性结合

非固化的"可以说"，仅仅是"可以"和"说"的线性相连，"可以"是道义情态的用法，"说"为言说义动词发展而来的认识义动词。例如：

（14）那样，当他临死时，就可以说："我等过你没来但我也没耽误。"（王朔《我是你爸爸》）

这里的"可以说"还没有形成一个固定的结构，"可以"表示的是具备某种条件使得说这句话成为可能，我们把这种"可以说"记为"可以说₁"。

当"说"不表示言说义而表示"认为"等认知义的时候，"可以说₁"就变成了表示"可以认为"的意义，例如：

（15）我们可以说儒、释、道不以罪为宗教思想的出发点。（新华社·新闻报道，2003 年 8 月）

这里的"可以"仍然是道义情态之义，只不过"说"表示说话者的某种意见。但这仍然不是固化了的"可以说"的用法。我们把这种用法记为"可以说₂"。这里的"可以说"的主语也仍然是句子的主语，表示具备了某种条件或资格而可以下某种结论之意。"可以说₂"还经常使用对举的方式，例如：

（16）我们可以说它是媒体，同时也可以说它是文化思潮的阵地。（新华社·新闻报道，2005 年 6 月）

这种对举的方式更加体现出了"可以"的道义情态的功能，表示社会条件的允许。

"可以说"还有一种用法是我们讨论的重点。当"可以说"不再是句子的主要谓语，删除后并不会改变句子的命题意义，这时，"可以说"已经固化成为一个话语成分。我们记为"可以说₃"。例如：

（17）我父亲可以说是干这一行的元老。（麦家《暗算》）

（18）清风街里，能写日记的可以说只有我。（贾平凹《秦腔》）

可以看出，已经固化了的"可以说"多数不带上"说"的施事主语，语义上表示一种弱断言形式。

4.3.2　"可以说₃"的弱断言表达

Joan B Hooper（1965）将谓语分成事实性的（factive）和非事实性的（non-factive），非事实性和事实性的又都分为断言性（assertive）和非断言性（non-assertive）；而非事实性的断言性又可以分为弱断言性的（weak assertive）和强断言性的（strong assertive）。我们认为，"可以说₂"和"可以说₃"是非事实性谓语中的断言性谓语，"可以说₂"是强断言谓语，而"可以说₃"固化之后，就从强断言谓语变成了一种弱断言成分。

断言性的强弱也就是说话人对谓语后面所带的宾语从句所表示命题的确定程度（degree of commitment）。我们认为，"可以说₂"是强断言形式，主要描述的是关于谓语后面所述成分的动词性行为（verbal act），相当于"我认为……是对的"。"可以说₂"表示强断言是需要一定的语境的。例如：

（19）<u>因为人民政府没有规定利润多少</u>，再多也可以说不是有意违法。（周而复《上海的早晨》）

"可以说₂"是说话者依据某些条件下了一个结论。这个条件就是画线部分。因为，"可以"表示的是具备某个条件而能够下某个结论之意。

"可以说₃"是弱断言成分，主要描述的是说话者对于谓语后面的命题的心理性的行为或态度，相当于"说……是不为过的"。例如：

（20）尤其像田润叶这样的人，她尽管在县城参加了工作，但本质上也可以说仍然是一个农村姑娘。（路遥《平凡的世界》）

（21）这是一张又大又白的脸。五官端正，甚至可以说清秀。（刘斯奋《白门柳》）

"也"和"甚至"等副词都表明了"可以说₃"能起到一种缓和语气的作用。例（20）表明说话者认为"田润叶仍然是一个农村姑娘"是不为过的；例（21）表明"这张脸清秀"这个论断也是可以这么说的。

强断言谓语表示说话人对命题的强肯定性；而弱断言成分中，说话人对命题的断言的肯定性有所保留，弱断言谓语中的"可以"就是用来削弱肯定的语气的，情态词"可以"的功能就变成了为减弱断言的确定性而舒缓语气作用。但是强断言中的"可以"不仅并没有削弱语气的作用，而且还表明具备了某种条件便可以下某种结论之意，是道义情态的用法，从而增强了说话者对命题的确定性。例如：

（22）"我们的飞机？——我们积贫积弱的祖国呵，哪里有飞机！"……"可以说我们根本没有国防。我们的人民太贫困，政府太腐败——这些你还不懂。"（宗璞《东藏记》）

（23）大凡"圈子"里的人，可以说都有居心叵测之目的，有不可告人之龌龊。（张平《抉择》）

例（22）中的"根本"和例（23）中的"都"前面用"可以说₃"均能缓和断言的确定性。因而，我们认为"可以说₂"是强断言性的，"可以说₃"是弱断言性的。它们断言性的差别在于前者表示的是说话者对命题的确定性断言；后者表示的是说话者对命题部分肯定的断言。"可以说₂"表示的是"具备某种条件而能够下某种结论"；"可以说₃"表示说话者为了顾及听话者而采取对命题的不完全肯定的态度，用来表示一种弱断言的口吻。

4.3.3　"可以说₃"的句法行为

在与"可以说₂"比较之后，我们认为"可以说₃"有以下几点句法特征：

1．一般不带有施事主语

"可以说₂"多带上施事，这个施事是"说"的施事，而不是"说"所带的宾语从句的施事。例如：

（24）我可以说高度集中是绝对集中。（徐贵祥《历史的天空》）

这里的"可以说₂"表示的是"能够下某个结论"，"我"就是"可以说"的施事。

（25）我父亲可以说是干这一行的元老。（麦家《暗算》）

这句话中的"我父亲"就不是"可以说"的施事了。这样"可以说₃"跟"可以说₂"相比较，就前景化了说话者，使得说话者的视角得以凸显。这就是一个主观化的过程，说话人用"可以说₃"来表明自己对所下命题的立场和态度。那么，"可以说₂"的主语是句子主语（sentence subject），"可以说₃"的主语就变成了言者主语（speaker subject），句子也就从命题功能变成了言谈功能。

2．否定的特殊性

1）不允许否定提升

"可以说₂"允许否定提升（negative-raising），提升前后两个句子的意义基本不变，例如：

（26）a. 我可以说高度集中不是绝对集中。

　　　b. 我不可以说高度集中是绝对集中。

例（26）b句是由a句经过否定提升之后转换而来的，"可以说₂"后面的宾语从句的否定词被提升到主句的位置。英语中很多表示断言的词语也可以进行否定提升。例如：

（27）a. John does't think the President is a liar.

　　　b. John thinks the President is not a liar.

提升前后，例（27）a句和b句的意义基本一致。但是"可以说₃"就不能进行否定提升。例如：

（28）a. 我对他的为人可以说确实是不太了解的。

　　　b. * 我对他的为人不可以说是太了解的。

　　　c. 可以说我们根本没有国防。

　　　d. * 不可以说我们根本有国防。

2）宾语从句多为绝对否定

"可以说₃"后面带的宾语从句需要用否定形式时，一般多为绝对否定，否定的程度较深。比如"确实""根本"等。例如：

（29）可以说，大棒政策是绝对不会给美国带来任何利益的。（1994年报刊精选）

（30）想想，50多个喇嘛之中他只说出了一两个。佩劳尔特和亭斯齐尔，可以说根本无法调查。（翻译作品·朱红杰译《消失的地平线》）

3. 否定后位置不自由

"可以说₃"被否定的时候，它在句中的位置就变得不那么自由了。

（31）a. 可以说，我父亲是干这一行的元老。

b. 我父亲可以说是干这一行的元老。

c. *不可以说，我父亲是干这一行的元老。

d. 我父亲不可以说是干这一行的元老。

e. 我父亲说不上是干这一行的元老。

f. *说不上，我父亲是干这一行的元老。

a、b句中"可以说₃"用肯定形式的时候，可以出现在句首和主语之后；但是c、d句中使用了"可以说₃"的否定形式"不可以说"，"不可以说"就不单独出现在句首，在主语之后也稍微有点不那么自然。用"可以说₃"的否定形式"说不上"来替换"不可以说"，"说不上"仍然不可以用在句首，但是可以用在主语之后。

4. 不能用正反问来提问

用正反问提问的"可不可以说"都是"可以说₂"。

（32）可不可以说香港是购物的天堂？

—— 可以说。

—— 我可以说香港是购物的天堂。

（33）可不可以说父亲是干这一行的元老？

——* 我父亲可以说干这一行的元老。

4.3.4　"可以说₃"的交互主观化发展

"可以说₃"从强断言性发展到弱断言性是受主观化和交互主观化的影响。从"可以说₂"到"可以说₃"符合 Traugott（1989）提出了语义演变的三个趋势中的后两个：趋势二，建立在外部或内部场景的意义 > 建立在文本上的或元语言情景上的意义；趋势三，意义倾向于变得越来越依赖于说话者对命题的主观信念或态度。

首先，"可以说₃"中说话者的视角被凸显出来。"可以说₃"一般不带有施事主语，"可以说₂"中的主语是句子主语，是动词"说"的施事，但在"可以说₃"中的主语变成了言谈主语，是交谈双方围绕着"可以说₃"前的一个对象展开的一个论述。可见，"可以说₃"前的主语已经话题化。

其次，命题功能变成了言谈功能。强断言性的"可以说₂"后面的宾语从句主要是下一个结论，做一个命题判断；而"可以说₃"的主要功能是围绕着话题进行的言谈。"可以说₃"前面的多为已知信息，因而常常由话题充当，后面的宾语从句是围绕着话题进行的论述部分。

再次，"可以说₃"受交互主观化的影响，是为了顾及对方的面子而采取的礼貌原则。Brown 和 Levinson（1968）将礼貌原则分为积极礼貌原则（positive politeness）和消极的礼貌原则（negative politeness）。消极的礼貌原则指的是说话者顾及和尊敬听话者消极的面子（negative-face），也就是说，听话者的意愿不被妨碍或不被受到影响。消极的礼貌原则包括：顺从（deference），谦逊（self-effacement），约束（restraint）和避免（avoidance）。"可以说₃"从表面上看是说话者在表达自我的意愿，但实际上"可以说₃"通过表达上的间接性和试探性（tentativeness）来起到维护听话者的积极性面子的作用。这就是"可以说₃"的一种交互主观化的发展。

4.4　交互主观化的特点

下面，我们以情态词"要"的主观化和交互主观化历程概述主观化和交互主观化的特点有哪些不同（图6）。

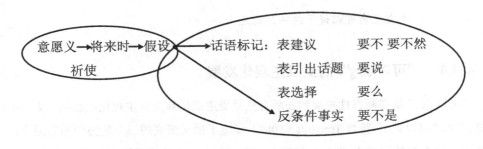

图 6   "要"的主观化和交互主观化

1．言谈功能与篇章功能

"要"是情态词中使用频率最高，功能最多的一个。我们从图 6 可以看出，"要"的意义从命题功能转向言谈功能再进一步转向篇章功能。"要"的主观化主要在言谈功能上，"要"的意义从命题意义越来越倾向于说话人自我的主观判断；发生主观化之后，"要"的功能又进一步发展，发生了交互主观化，从说话者自我的角度转向以听话人为中心的角度，因而发展出了很多话语标记的用法，从而使得"要"进一步有了篇章功能。

从"要"的演变过程我们可以看出，主观化多倾向于表达言谈功能，交互主观化则具有了进一步的篇章功能，可以衔接上下文。

意愿义、义务义和认识情态的用法，关于这一点我们在第 2 章中也提及到。而"要"的意愿义还发展出了将来时标记；"要"的认识情态还发展出了习惯体标记的用法。"要"的意愿义发展出了将来时标记的用法主要是由于"要"的主语由生命体变成了非生命体，"要"就由一种表示主语的主观意愿变成了表示某个事物在时间上的将要发生；而"要"的习惯体意义则是"要"的认识情态表示一种预测，这种预测发生在一个重复性、经常性的时间段之后，含有的说话人的主观预测就少了，多表示的也是一个时间上的惯常行为。

意愿义 ⟶ 将来时标记

认识情态（预测义）⟶ 惯常体标记

"要"的交互主观化发展主要指的是"要"向话语标记的转换。"要"在近代汉语中就发展出了表示假设的意义:"要是"由"要"的假设意义又进一步衍生出表示假设义的一些话语标记,例如"要说"等;而表示假设意义的"要"还有很多其他的功能扩展,比如,表示反事实的条件标记"要不是";这些假设标记都起到一个篇章衔接的功能,与主观化过程中的"要"相比,交互主观化了的"要"更多地起到篇章衔接的功能。

2.语义功能与语用功能

"你能关一下门吗?"字面意义是:"你是否有关门的能力";而言外行为意义(illocutionary force)就是"请把门关上"。这就是语用意义。语义指的是在篇章中相对稳定的意义,在真值条件下是具有任意性的、可分析性的;而语用意义则是关乎参与者在特定的语境下所作出的推理,是在交际的语言使用中所产生出来的,主要是经过听者加工了的间接意义。

为了强调言语场景中的交互主观化,在语用语义化时使用的是引发的推理(invited inference),而不是一般普通的会话含义(implicatures)。言者主动地促成、引发听者的推理。说话人以听话人为导向主动地促成听话人做出推理。

关于推理意义和语义演变,我们必须说明,语法化的过程不仅仅是一个语义的变化,而且还涉及了句法的、语音的和形态的变化。但是很多语法化研究将重点集中在语义的演变,然后用认知(隐喻、转喻)机制做出解释。语义演变始于语用的和联想的,然后随着语法化进程,意义丢失,语义被漂白,原有的意义仍然又可能被保存而影响着新意义。

我们可以认为,"要"的交互主观化发展出的几种用法都源于语境造成的语用功能的用法,比如"(不)要说""要不是""要我说""要么"等。演变的过程为:

使用的演变 ⟶ 意义的演变 ⟶ 形式的演变

语用　　　　　　　语义　　　　　　　句法

4.5 本章小结

主观性和交互主观性存在着交叉的部分。交互主观化有三个如下的特点:交互主观性是一种共享的信息，其传信性是被更多的人所知晓；交互主观性是一种注意力朝听者转向的表达；交互主观性是言谈情景的基本设置。

最具有交互主观化的表达有下面几个特点：具有显性的社会性指示语；有一个显性的标记表达注意力从言者转向了听者；是有言外意义（R-heuristic）主导的，即言者所说的常常暗示着更多的意义。

本章探讨了三个主要的交互主观化的现象：

（1）可能类的情态词发展成为让步标记，构成了"可能……但……"的结构，可能义的情态词不表示言者的不确定性，而是表示言者为了考虑听者的面子而采取的一种礼貌手段。

（2）情态词和言说义动词的结合构成话语标记，比如"可以说"，"可以"不再是动力情态，其指向也不再是主语，而是指向说话人，是说话人为了缓和语气而采取的一种手段。

（3）情态词"要"也有交互主观化的演变，"要"构成的表示建议的"要不"，表示建议或选择的"要么"等，既具有语义功能也具有语篇功能，是典型的交互主观化的表现。

第5章　情态主观化的因素和句法后果

5.1　情态助动词历时演变的义项

我们对《古今汉语词典》《古代汉语虚词词典》等中的这些助动词进行历时分析。我们仅选取其与助动词用法相关的义项，包括从动词演变而来的助动词的动词用法和从形容词演变而来的形容词用法。

1．"必"

一，表示客观事理的必然性，例如：

（1）子曰：三人行必有我师焉。择其善者而从之，其不善者而改之。（《论语·述而》）

（2）智者千虑必有一失，愚者千虑必有一得。（《史记·淮阴侯列传》）

二，表示情理上的必要性，例如：

（3）王公大人有一罢马不能医，必索良医；有一危弓不能张，必索良工。（《墨子·尚贤》）

（4）臣闻求木之长者，必固其根本；欲流之远者，必浚其泉源。（唐·魏征《谏太宗十思疏》）

三，表示对事态的推测或判断，例如：

（5）必死是间，余收尔骨焉。（《左传·僖公三十二年》）

（6）我死后，子必用郑。（《韩非子·内储说》）

四，表示主观上态度坚决，多表现在说话人自身或向对方的建议或对第三者态度的叙述，例如：

（7）公曰：小大之狱，虽不能察，必以情。（《左传·庄公十年》）

（8）宣言曰：我见相如，必辱之。（《史记·廉颇蔺相如列传》）

（9）王即不用商鞅，必杀之，无令出境。（《史记·商君列传》）

2．"能"

一，表示有能力或有条件去做某事。例如：

（10）遂使请战，曰：寡人不佞，能合其众而不能离也。君若不还，无所逃命。（《左传·僖公十五年》）

二，表示擅长做某事。例如：

（11）故人喜，命竖子杀雁而烹之。竖子请曰：其一能鸣，其一不能鸣，请奚杀？（《庄子·山木》）

三，表示某种行为的可能性，例如：

（12）天方授楚，未可与争，虽晋之强，能违天乎？（《左传·宣公十五年》）

3．"会"（助动词用法的"会"，排除了实义动词的义项）

一，有可能实现，例如：

（13）我知尔这大头巾绝不会如此称赞人矣。（明·李贽《因记往事》）

二，应当，助动词用法。例如：

（14）长风破浪会有时，直挂云帆济沧海。（唐·李白《行路难》）

三，绝对，一定的意义，助动词用法。例如：

（15）阿母得闻之，槌床便大怒：小子无所畏，何敢助妇语！吾已失恩义，会不相从许！（汉·古乐府《孔雀东南飞》）

（16）越王仰天叹曰：死者，人之所畏。若孤之闻死，其于心胸会无怵惕。（《吴越春秋·勾践入臣外传》）

4．"可"

一，同意，许可。例如：

（17）大夫辞之，不可。（《国语·晋九》）

（18）越予小子，考翼，不可征；王害不违卜？（《尚书·周书·大诰》）

二，能够，例如：

（19）天作孽，犹可违；自作孽，不可逭。（《尚书·商书·太甲中》）

（20）呜呼！七世之庙，可以观德。万夫之长，可以观政。（《尚书·商书·咸有一德》）

三，合宜，适合。例如：

（21）寡人欲得其良令也，谁使而可？（《韩非子·外储说左下》）

（22）可口、适可而止

四，认为是，认为对。例如：

（23）吾子好道而可吾文。（唐·柳宗元《答韦中立论师道书》）

五，堪，值得。例如：

（24）九州生气恃风雷，万马齐喑究可哀。（清·龚自珍《己亥杂诗》一二五）

六，应该，应当。例如：

（25）万自可败，那得乃尔失士卒情？（《世说新语·品藻》）

5."肯"

"肯"用作助动词，先秦已有用例，后一直沿用到今，用于动词前，如下：

一，表示施事者愿意或，例如：

（26）文王顺纣而不敢逆，武王逆纣而不肯顺，故曰不同。（《庄子·人世间》）

二，表示能够做某事，例如：

（27）敌人知我伏兵，大军不肯济。（《六韬·豹韬·乌云泽兵》）

三，表示对某事有疑问，不能肯定，用于疑问句中：

（28）群盗相随剧虎狼，食人更肯留妻子？（唐·杜甫《三绝句》）

四，表示反问或揣测，意义为"岂肯""岂"，例如：

（29）少年十五二十时，步行夺取胡马骑，射杀山中白额虎，肯数邺下黄须儿。（唐·王维《老将行》）

6. "容"

一，用在动词前，表示动作行为的发生、实现是具备条件的，是一种能力义，例如：

（30）迟速本末以相及，中声以降。五降之后，不容弹矣。（《左传·昭公元年》）

二，表示外界的权威力量的允许，例如：

（31）今日之事，不容复言，卿当期克复之效耳！（《世说新语·方正》）

三，表示一种反诘语气，例如：

（32）盖郑詹来而国乱，四佞放而众服。以此观之，容可近乎？（《后汉书·杨秉传》）

7. "须"

一，用在动词谓语前，表示施事的需要，例如：

（33）奉世上言，愿得其众，不须复烦大将。（《汉书·冯奉世传》）

二，表示应该做某事，是一种义务义"应该"，例如：

（34）政治之灾，须耐求之。（《论衡·明雩》）

三，表示事态的必然性，相当于"必"，例如：

（35）即事无同异，旁观有是非。食蔬如许瘦，饱肉未须肥。（《后山居士文集·晦日》）

8．"应"

一，表示理应做某事，例如：

（36）文王既勤止，我应受之。（《诗经·周颂·赉》）

二，表示推测，例如：

（37）强欲登高去，无人送酒来。遥怜故园菊，应傍战场开。（唐·岑参《行军九日思长安故园》）

9．"欲"

一，表示施事者希望、想要、打算做某事，例如：

（38）或求名而不得，或欲盖而名章，惩不义也。（《左传·昭公三十一年》）

二，表示事态按照常理应当如何，例如：

（39）凡秋耕欲深，春夏欲浅，犁欲廉，劳欲再。（《齐民要术·耕田》）

三，表示说话人的推测，例如：

（40）天台四万八千丈，对此欲倒东南倾。（李白《梦游天姥吟留别》）

10．"足"

一，表示值得做某事，例如：

（41）管仲以其君霸，晏子以其君显。管仲、晏子犹不足为与？（《孟子·公孙丑》）

二，表示能够做某事，例如：

（42）国君，文足昭也，武可畏也，则有备物之飨，以象其德。（《左传·僖公三十年》）

三，表示一种疑问或反问的语气，例如：

（43）子之道岂足贵邪？（《庄子·盗跖》）

四，表示主语有资格做某事，例如：

（44）百发失一，不足谓善射；千里跬步，不足谓善御；伦类不通，仁义不一，不足谓善学。（《荀子·劝学》）

11．"宜"

一，表示应该做某事，例如：

（45）此宝也，宜为君子器，不宜为细人用。（《韩非子·喻老》）

二，表示情理上的推测，例如：

（46）固将朝也，闻王命而遂不果，宜与夫礼若不相似然。（《孟子·公孙丑下》）

三，表示说话人一种预期，相当于"难怪"，例如：

（47）呼，役夫！宜君王之欲废女而立职也。（《韩非子·内储说下》）

12．"得（dé）"

一，表示能力义，例如：

（48）得免其死，为惠大矣，又敢求位？（《左传·昭公七年》）

二，表示条件允许，例如：

（49）沛公军霸上，未得与项羽相见。（《史记·项羽本纪》）

三，表示反诘语气，表达说话者的一种怀疑，例如：

（50）孟子曰：是焉得为大丈夫乎？（《孟子·滕文公下》）